A^{t}V

THEODOR FONTANE wurde am 30. Dezember 1819 im märkischen Neuruppin geboren. Er erlernte den Apothekerberuf, den er 1849 aufgab, um sich als Journalist und freier Schriftsteller zu etablieren. Ein Jahr später heiratete er Emilie Rouanet-Kummer. Nach seiner Rückkehr von einem mehrjährigen England-Aufenthalt galt sein Hauptinteresse den »Wanderungen durch die Mark Brandenburg«. Neben der umfangreichen Tätigkeit als Kriegsberichterstatter, Reiseschriftsteller und Theaterkritiker schuf er seine berühmt gewordenen Romane und Erzählungen sowie die beiden Erinnerungsbücher »Meine Kinderjahre« und »Von Zwanzig bis Dreißig«. Fontane starb am 20. September 1898 in Berlin.

Zwei Italienreisen hat Fontane unternommen, eine achtwöchige mit Frau Emilie im Herbst 1874 und den Sommer darauf eine Tour durch Oberitalien. Beide Male hat er umfangreiche, sehr anschauliche und amüsante Briefe geschrieben, regelrechte kleine Manuskripte, die an das befreundete Ehepaar Zöllner in Berlin bzw. 1875 an seine Frau gerichtet sind. Zudem existieren ausführliche Tagebuchberichte, in denen beide festhalten, was sie in Venedig, Florenz, Rom, Mailand oder Neapel gesehen und erlebt haben. Trotz aller Reisestrapazen und Hotelkalamitäten absolvieren die Fontanes ein imponierendes Besichtigungspensum, immer getreu dem Grundsatz, daß es »nicht auf die Masse des zu Sehenden und kaum auf die Bedeutung des einen oder andern ankommt, sondern lediglich darauf, mit welchem Auge man sieht. Es darf nicht trübe sein.« Nicht Normen und vorgegebene Werturteile sind entscheidend, was zählt, ist der lebendige Eindruck.

Theodor Fontane

Eine Sehnsucht im Herzen

Impressionen aus Italien

Herausgegeben
von Gotthard Erler

Aufbau Taschenbuch Verlag

ISBN 3-7466-5289-8

1. Auflage 2002
© Aufbau Taschenbuch Verlag GmbH, Berlin 2002
Umschlaggestaltung Torsten Lemme
unter Verwendung des Gemäldes
»Street in Sunlight« von Guiseppe Abbati, 1863
Satz LVD GmbH, Berlin
Druck Clausen & Bosse, Leck
Printed in Germany

www.aufbau-taschenbuch.de

»Man braucht nicht alles zu sehen,
aber gewisse Nummern sind unerläßlich«
Italien 1874

»Wie sehr uns diese alten und reichen
Kulturlande voraus sind«
Italien 1875

»Fahrt oder geht möglichst viel umher und
seht möglichst wenig Bilder«
Italien-Reminiszenzen des alten Fontane

Anhang

»Man braucht nicht alles zu sehen,
aber gewisse Nummern sind unerläßlich«

Italien 1874

Briefe

Freundliche Einladung

Ungestört. Keine Ereignisse, wenn ich nicht Birnen und Klöße dahin rechnen will. Ich habe also die ganze 8. Seite dieses langen Briefes noch für die Hauptsache, die ich mir bis zuletzt aufgespart habe. Am 28. oder 29. September will ich meine Reise nach Italien, d. h. nach *Rom,* antreten und bin fest entschlossen, coûte que coûte, Dich mitzunehmen. Ich rechne auf Deine Zustimmung und während der Reise selbst auf Deine Entschlossenheit und gute Laune. Es tut nicht gut, philiströser sein als nötig. Exaktheit und Entsagen-Können sind vorzügliche Dinge, aber es ist ein Fehler und ein Unrecht (wenn man sich nicht kirchlich die Askese zur Lebensaufgabe macht), davon mehr zu leisten, als dringend nötig ist. Von dem Gelde, das mir die 3. Aufl. meiner »Wanderungen« und die 2. meiner »Gedichte« eingebracht haben, werden wir im wesentlichen die Reise machen können [...]. Ich rechne also auf Dein Ja-Wort, wie am Altar.

An Frau Emilie, Berlin, 26. August 1874

Keine Sorge um die Kosten

Nicht nur Deine Zusage allein, sondern ganz besonders, *wie* sie gemacht wurde, hat mich von Herzen erfreut. So Du den rechten Willen hast, werden es schöne Tage werden, so nicht Gott eigens beschlossen hat, unser Gerstenfeld zu verhageln. Von Leichtsinn ist bei der ganzen Sache keine Spur; in 24jähriger, fast bis zur

9

Peinlichkeit getriebener Exaktheit haben wir uns einen ehrlichen
Anspruch darauf erworben, auch mal fünfe gerade sein zu lassen.
Übrigens bin ich wie von meinem Leben überzeugt, daß uns die
Sache gar nicht besonders kostspielig werden wird. Sommerfeldts
erzählten mir beispielsweise, sie hätten, von Interlaken aus, eine
Partie auf die »schienige Platte« gemacht, die mit Pferd und drei
Trägern für Jenny 30 Tlr. gekostet hätte. Solche Partie und ähnliches werden wir nie machen, weil uns die »schienige Platte« allen-
falls 3, aber nicht 30 Tlr. wert ist. Das Gefühl, »dies *mußt* du sehn«,
hab ich nie, wenn nicht die Dinge entweder billig und bequem zu
haben sind oder aber meinen ganz speziellen Zwecken dienen.
Wenn ich nach Metz reise, so muß ich natürlich die Schlacht-
felder besuchen und darf mich durch den etwaigen hohen Preis
des Wagens nicht abhalten lassen. Das *Wichtigste* hat man, beinah
ausnahmelos, immer ganz billig, denn das Wichtigste ist doch immer das, was sozusagen auf der Straße liegt. Über die Piazza del
Popolo oder den Corso fahren, den Vatican und die Peterskirche
sehn, durch das Colosseum schreiten und auf dem Forum romanum unter Trümmern Umschau halten, kostet zunächst gar
nichts. Die Tiber fließt kostenlos an mir vorbei, und die sieben
Hügel präsentieren sich mir, ohne Entree zu verlangen. Hat man
das, was ich eben aufgezählt, so hat man schon ein gut Teil.

Ich muß hier abbrechen, einmal weil es Poststunde ist, zwei-
tens weil Heyden eben einspringt, um mit mir zu plaudern, also
weitres über diese Dinge morgen. Vorläufig bin ich glücklich,
daß die Partie so steht, wie sie steht. Bleibe nur bei guter Laune,
Frische und Courage, das ist die Hauptsache und wichtiger wie
hundert Taler mehr oder weniger. Denn es kommt nicht auf die
Masse des zu Sehenden und kaum auf die Bedeutung des einen
oder andern an, sondern lediglich darauf, mit welchem Auge man
sieht. Es darf nicht trübe sein.

An Frau Emilie, Berlin, 28. August 1874

Erste Eindrücke aus Verona und Venedig

Die Tage verlaufen so, daß selbst *ich* nicht briefschreiben kann; die alte Leidenschaft geht an neuen Genüssen unter, die uns doch (siehe Faust) wieder »nach Begierde« verschmachten lassen. Unser Erlebtes ist in Kürze das folgende. Am 3. [Oktober] von München aus über Innsbruck (Nest) und dem Brenner nach Verona. Das Inntal hinauf, das Etschtal hinunter. Passaier, Sterzing, Iselberg – die ganze Hofer-Speckbacherei zog noch einmal an uns vorüber; im ganzen viel prosaischer als auf dem Defreggerschen Bilde. Frierend fuhren wir in das schöne Land Italia hinein. Es goß mit Mollen. Der erste Eindruck war: »*das* leisten wir auch.« In Verona Nachtquartier in Colomba d'oro. Verona, wie Dir nicht unbekannt sein wird, hat eine Geschichte; es soll Lieblingsaufenthalt König Pipins gewesen sein. Nach den Maienlüften, die in Colomba d'oro wehten, ist dies höchstwahrscheinlich. Wir besichtigten am andern Tage die Stadt, bei welcher Gelegenheit wir den Architekten Zittel* (der in Lucaes Atelier arbeitete und jetzt den Schinkelpreis gewonnen hat) sowie den dicken, blonden kakerlakigen Dr. Ascherson trafen. Die Gesichter, die jedesmal geschnitten werden, wenn 2 Berliner sich auf einsamem Reisepfad begegnen, sind klassisch. Jeder einzelne sagt etwa »i, macht den Schwindel auch mit«. Früher sollen sich Landsleute bei ähnlichen Begegnungen weinend in die Arme gestürzt sein. An der tomba di Giulietta (längre Zeit Wassertrog) trafen wir Adolphe Thiers nebst Frau und Schwägerin. Die beiden bedeutendsten Kriegsschriftsteller der Neuzeit standen nebeneinander und grüßten sich. Meine Lage war die günstigere: *ich* wußte, wen ich neben mir hatte; *er* ist hingegangen ohne Ahnung des Glücks, das ihm die Stunde bot. Mit Kunstgeschichte unterhalte ich Dich nicht. Siehe Burckhardt, Förster, Lübke, Baedeker.

Am Sonntagabend hier: Hotel Bauer in Nähe des Marcusplatzes. Zimmer N⁰· 37, Stubenmädchen Elise; sehr nett. Netter

allerdings noch ist Venezia selbst. Wir wollen 2 Tage hier bleiben; es werden aber wohl 6 werden. Meine kühnsten Erwartungen wurden übertroffen. Das einzelne, auf *allen* Gebieten, ist
vielfach beanstandenswert; das Ganze ist unsagbar schön, an-
heimelnd, beglückend. Auch Milachen ist weich wie Butter. Wir
trafen gleich am ersten Tage Frau v. Noville nebst Tochter, die
mit uns in demselben Hotel wohnen, eine für uns sehr angenehme und lehrreiche Begegnung, da die Damen schon fünf,
sechs Tage vor uns hier waren. Eben haben wir mit ihnen zusammen gegessen; die Stunde von 9 bis 10 werden wir wieder in ihrer
Gesellschaft verbringen, denn es ist Abendkonzert auf dem Marcusplatz. Im übrigen, auch geschieden von terra firma, zu Wasser
wie zu Lande Dein gondeltrunkener

Noel.

* oder so ähnlich.

An Karl und Emilie Zöllner, Venedig, 7. Oktober 1874

Es wird uns eine Sehnsucht im Herzen bleiben

Charakteristisch für den Trouble und die Hetzjagd, in der wir leben, ist es, daß ich nicht einmal Zeit fand, den am 7. geschriebenen Brief noch in Venedig selbst zur Post zu geben. So erhaltet
Ihr denn unsre zwei ersten Reiseberichte a tempo hier von Florenz aus, das wir gestern abend 11 Uhr erreichten und dessen
Casa Nardini (eine Art Bartickows Hôtel garni) uns gastlich auf-
genommen hat. Die bessere Hälfte, die sonst namentlich auch die
unruhigere Hälfte ist, schläft heute ausnahmsweise bis in den hel-
len Tag hinein, und ich benutze die dadurch frei werdende Zeit
zu diesen Zeilen.

Die Tage in Venedig waren sehr schön, und es wird uns eine
Sehnsucht im Herzen bleiben, sie erneuern zu können. Die Mög-
lichkeit dazu ist, soweit die Geldfrage in Betracht kommt, gege-

ben. Unser ganzer 4 ½ tägiger Aufenthalt in Venedig kostet *höchstens* 40 Tlr., wovon 20 Tlr. auf das Hôtel, 10 Tlr. auf ein vorzügliches, dem Hôtel attachiertes Restaurant und die letzten 10 auf Eis, Kaffe, Gondelfahrten, Trinkgelder und Bettler-Dreier kommen. Für diese ganz geringe Summe, die man in Berlin, bei Hiller, an einem einzigen kleinen Souper-Abend loswerden kann, hat man Venedig gesehn und genossen, das nun nicht länger mehr bloß als eine Insel in der Adria, sondern auch als eine Insel in dem Meer gleichgültiger, zwischen Potsdamer Bahnhof und Alsen-Brücke abgelaufener Tage schwimmt. Tatsächlich sei noch bemerkt, daß am 7. abends auch Baumeister Schwechten, mit seinem jungen Freunde Bankier Königs, in Venedig eintraf und dadurch unsren Kreis auf die Höhe von 6 Personen hob. Wir frühstückten gemeinschaftlich am Marcusplatz, fuhren zusammen nach dem Lido hinüber und trafen uns dann wieder abends beim Biere, das in Restaurant Bauer (Wiener Fabrikat) in allervorzüglichster Qualität verzapft wurde. Schwechten, als alter Italiener, hat mir allerhand Adressen und Ratschläge gegeben, und auf seine Empfehlung hin sitze ich hier jetzt in Casa Nardini, in einem großen, mit tiefen Nischen ausgestatteten, von einem mächtigen Deckenbalken durchzogenen Zimmer, das mich aufs lebhafteste an das alte Turmzimmer in Moulins erinnert, in dem ich vor 4 Jahren gefangen saß. Im übrigen ist die Situation heute angenehmer.

Nun noch ein Wort über Venedig. Es ist interessant von Schritt zu Schritt, landschaftlich zauberhaft, poetisch durch und durch, aber es repräsentiert doch nicht *die* Form der Schönheit, die ich *dauernd* vor Augen haben möchte. Dazu ist mir, rundheraus gesagt, die ganze Geschichte doch zu schmutzig. Sie bedarf des Mondlichts, bei dem man nur halb sieht, sie bedarf der Verschleierungen, um immer wieder zu entzücken; bei hellem Tageslicht genießt man den Canal grande, den Rialto und nun gar das Gewirr der Gassen und kleinen Kanäle mit *sehr* gemischten Empfindungen. Es ist eine Touristen-Stadt, eine Stadt zum Sehen, auch zum Bewundern, aber nicht zum Wohnen. Junge Künstler und Dichter werden sich über diese Äußrungen vielleicht entsetzen, aber es ist *doch* so, wie ich sage. Die ganze Welt der Erscheinungen ist nicht dazu da, um Malern und Poeten wünschenswerte und bequem liegende Stoffe zu bieten, sondern um überhaupt zu befriedigen und zu erfreun. Das Leben stellt vielfach andre Forderungen als die Kunst, und Individuen wie Staaten gehen zugrunde, die *dies* übersehn. Wem diese Wahrheit zu Fleisch und Blut geworden ist, der wird auf Venedig blicken, wie ich noch in der letzten Stunde auf ein wunderschönes Frauenzimmer blickte, die aus dem 2. Stock eines halbverfallenen Hauses träumerisch-faul mit tief und dumm schmachtendem Auge uns nachsah, als unsre Gondel an den Wasserstiegen des schmalen Kanals vorüberfuhr. Sie war so schön, wie ich selten Weiber gesehn habe, und das halbgekräuselte schwarze Haar lag wie eine Mähne um sie her, mit den Spitzen nach vorn hin über die halb entblößte Brust fallend; ich werde den Anblick nie vergessen. Aber sie war ungewaschen und ungekämmt und nach meinem Gefühl, sowenig sie persönlich innerhalb der idealen Liebe zu stehen schien, doch nur für eine solche geeignet. Ein Wesen, nur mit dem *Auge* zu genießen; mit ihr zu *leben* – ein Gedanke, nicht ausgedacht zu werden! So auch die Stadt selbst. Diese schöne, schwarzhaarige Schwester Struwwelpeters, die seifenintakt auf einen gondelbefahrenen Rinnstein niedersah, war mir wie das Bild Venezias selbst erschienen.

Eine glänzende Ausnahme macht der Marcusplatz und die an ihn grenzende Piazetta. Hier ist nicht nur alles interessant, malerisch, poetisch, hier ist auch alles *in jedem Sinne schön*, und es bedarf keiner romantischen Prise Schnupftabaks, um uns die Augen übergehn zu machen. Es verlohnt sich, 1000 Meilen zu reisen, um dies eine Stunde zu sehn. Es ist ganz einzig, ebenso im einzelnen wie im ganzen. Ich finde nichts lächerlicher als ein Herumkritisieren an Bauwerken wie die Marcuskirche und der Dogenpalast. Sint ut sunt, aut non sint. [Sie mögen bleiben, wie sie sind, oder überhaupt nicht sein.] In mehreren Reisebüchern fand ich die Marcuskirche als einen »schwülstigen Bau« charakterisiert. Man muß ein unendlicher Lederschneider sein, um so was Dummes und Kleines sagen zu können. Leider reicht auch Schulfuchserei und Doktrinarismus zu solcher Dummheit gerade aus. Die Marcuskirche wirkt beinah elementar, und sie kritisieren wollen ist nicht viel anders, wie wenn man die Blaue Grotte oder die Fingalshöhle einer künstlerischen Beurteilung unterziehen wollte. So kolossale Sachen, die in einem Jahrtausend geworden, gewachsen, gemodelt sind, liegen über alle Kritik hinaus. Man hat sich lediglich vor ihnen zu verneigen. Wir sind wohl zehnmal, länger oder kürzer, in diese Kirche eingetreten, und immer war der Eindruck derselbe. – Der *Dogenpalast*, zunächst von einer viel bestrickenderen Schönheit, wirkt doch nicht *so* mächtig, trotzdem historische Erinnerungen und eine uns näher stehende dekorative Kunst, letztre in Hunderten von berühmten Bildern, seine Wirkung unterstützen. Über diese Bilder, die fast ausnahmslos von Tintoretto und seiner Schule, nur verhältnismäßig wenige von Paul Veronese und seinen »Erben« (so schreiben die Kataloge) herrühren, noch ein paar kurze Worte. Wenn sie *teppichartig*, durch Farbentöne wirken und im übrigen in klaren, äußerlich meisterhaften Kompositionen historische Momente der Republik festhalten sollen, so finde ich sie großartig; wollen sie *mehr* sein, so finde ich sie erbärmlich. Diesen Massenleistungen gegenüber habe ich wieder recht empfunden, daß es ohne Seele nicht geht. Au fond ist alles tief langweilig, und als ich schließlich in der kleinen Dogen-Kapelle einem Albrecht Dürerschen Christuskopfe begegnete, atmete ich auf; dieser *eine* Kopf repräsentiert in meinen Augen *mehr* wahre Kunst als alle Tintorettos zusammengenommen. Was dieser letztre geleistet, sind Schildereien, in denen die immer wieder auftauchende gelbe Dogenmütze eigentlich das interessanteste ist. Auch diejenigen seiner Bilder, die ihren Stoff der heiligen Geschichte entnehmen, sind nicht besser. Das Kolossal-Bild im Saal des Großen Rats, das den Namen die »Glorie des Paradieses« führt, ist ein Salat von Engelbeinen, und seine berühmteste Leistung, »Die Kreuzigung«, die sich in der Scuola San Rocco befindet, läßt mich ebenfalls kalt. Das Kompositionstalent, die Gabe, zu gruppieren, Klarheit in die Massen zu bringen, ist außerordentlich, aber der Mangel an aller Innerlichkeit ist geradezu erschreckend. Der Christus, auf dem letztgenannten Bilde, scheint, soweit man ihn bei der starken Nachdunklung erkennen kann, gut, will sagen, nicht ganz unbedeutend, die Frauen und Jünger unterm Kreuz aber sind konventionell und noch weniger als das. Ich habe für diese Art von Kunst wohl ein Verständnis, aber kein Herz; Farbentöne würden dasselbe tun. Unter allem, was ich bis jetzt gesehn habe, haben mich, von zwei großen Tizians abgesehn, über die ich weiterhin noch ein paar Worte sagen will, folgende drei Bilder am meisten interessiert: 1. der oben schon erwähnte Dürersche Christus mit der Dornenkrone (Pilatus links neben ihm); 2. ein in derselben Dogenkapelle befindlicher Giorgione: »Christus im Hades«, ein Bild voll Kraft, Schwung und tiefster Innerlichkeit; 3. ein »Toter Christus« aus der Bologneser Schule; Name des Meisters unbekannt. Ich mache diese Aufzählungen resp. Bemerkungen namentlich Heydens wegen, der sie auf ihre Richtigkeit prüfen mag. Wobei ich aber gleich im voraus bemerke, für mich persönlich *bleiben* sie auch richtig.

Das Bedeutendste, was ich bisher sah, sind die beiden Bilder Tizians, die *»Himmelfahrt Mariä«* darstellend, von denen sich das eine im Dom zu *Verona*, das andre in der Academia delle belle arti zu *Venedig* befindet. Sie sind grundverschieden, aber beinahe gleich schön, wenn auch nicht gleich an Bedeutung. Ihr Unterschied besteht darin, daß die erste freundlich-beseligend, frauenhaft-gütig zu den staunenden Jüngern *hernieder*, die andre überirdisch verklärt, von der erhabenen Wonne des Schauens durchdrungen, zu Gottvater *aufwärts* blickt. Im ersten Moment schien mir das letztgenannte Bild hinter dem in Verona zurückzustehn, das aus den verschiedensten äußren und innren Gründen, die ich hier nicht alle aufzählen mag, rascher Auge und Herz erobert. Aber von dem Augenblick an, wo man sich in der Erhabenheit der venezianischen »Assunta« zurechtgefunden hat, versinkt das Veroneser Bild neben der letztren. Das Bild in Verona, soweit die Maria in Betracht kommt, wirkt wie ein Vorläufer der Murillo-Manier; die »Assunta« in Venedig erinnert an die Sixtinische Madonna, ja mein Herz ist fast geneigt, ihr noch den Vorrang vor dieser anzuweisen.

Hier, verehrtes Paar, hast Du oder haben Sie oder habt Ihr meine Weisheit. Weitres hoffentlich mündlich, wenn Eure Geduld so weit reicht wie meine Redseligkeit. Ergeh es Ihnen gut. Ich bitte die Briefe, nach Mitteilung des einen oder andern an Theo, zirkulieren zu lassen, erst an George, dann an Martha, derart, daß George den Brief direkt nach Neuhof schickt.

1. Unsrem lieben kleinen Friedel einen Kuß, und er soll nicht »aufmucken«, wenn Theo oder Tilla ihre Autorität geltend machen. – An Tilla beste Grüße.

2. Unser alter Theo soll nicht zu streng regieren und sobald wie möglich nach Rom hin an uns schreiben, poste restante.

3. Die Einlage, couvertiert und adressiert, bitte ich an Hertz gelangen zu lassen. Wenn Du, geliebter Chevalier, ihm die Einlage auf einem Gange *zum* oder *vom* Gericht selbst brächtest und ihm bei dieser Gelegenheit einiges erzähltest, würde ich Dir *sehr* dankbar sein. Von 10 bis 2 und von 5¼ bis 7¼ ist er immer in seinem Geschäft. Die Plaudereien in seinem Comptoir sind meist sehr amüsant.

4. Unser alter Fournier, wie wir eben erfahren, ist gestorben. Für uns ein *wirklicher* Verlust. Er hat, durch die zweifelhaftesten Zeiten hin, in Treue und Liebe bei uns ausgehalten. Milachen läßt Euch sagen: seine nun wahrscheinlich oder richtiger gewiß frei

werdende Wohnung sei ganz vorzüglich für Euch geeignet, sehr hübsch und sehr preiswürdig, im Schmiedenschen Hause. –

5. Auch von Euch Geliebten dürfen wir wohl in Rom poste restante Briefe erwarten? Schreib auch ja über die Arnim-Bismarck-Frage.

An Karl und Emilie Zöllner, Florenz, 10. Oktober 1874

Korrespondenznöte

Seit gestern abend sind wir hier. Müd und matt von einem beinah 6tägigen Aufenthalt in Verona und Venedig, haben wir den heutigen Vormittag zum Schreiben der nötigsten, zugleich unsrer *ersten* Briefe bestimmt. Darunter sind auch diese Zeilen. Sie sollen mich lediglich entschuldigen, daß die 12 oder 18 Begleitschreiben, die den »Gedichten« resp. der 3. Aufl. »Ruppin« beigelegt werden sollen, noch nicht in Ihren Händen sind, auch während der nächsten 4 oder 5 Tage noch nicht eintreffen werden. *Dann* aber ganz gewiß. In derselben Weise wie dieser 1. Florenz-Tag der Familien-Korrespondenz gewidmet wurde, soll der 1. Rom-Tag die Erledigung alles Geschäftlichen bringen. [...] Entschuldigen Sie den *halben* Bogen; aber es ist Einlage in einem *dicken* Brief.

An Wilhelm Hertz, Florenz, 10. Oktober 1874

»Ich bin so fiebrig ...«

Zunächst beneide ich L[epel], den ich sonst nicht so beneide, daß er mit Rücksicht auf die Situation Sie stürmisch umarmen durfte; dann schicke ich Ihnen etwas Grünes aus den Thermen des Caracalla, und drittens bitte ich Sie, Ihren teuren Gatten als von jeder Schreibverpflichtung entbunden ansehn zu wollen. Diese Art der Entbindung kann er sich schon gefallen lassen. – Milachen hält sich merkwürdig tapfer und ist viel besser im Stande wie ich. Ich bin so fiebrig, daß ich keine Weste zuknöpfen kann; die Knöpfe zittern mir immer wieder aus den Fingern heraus. Bei der Weste schließlich ertragbar, aber welche Perspektiven!

An Emilie Zöllner, Rom, 22. Oktober 1874

Fasziniert vom » Trümmer-Rom«

Warum bist Du nicht Pescatory I.? In diesem Falle hätten wir vielleicht Chancen, Dich auf juristisch-politischen Entdeckungsreisen hier zu sehn. Vielleicht verschafft mir Deine Empfehlung noch ein Commissorium, und ich kriege die Reise wieder heraus.

Diese Zeilen sind lediglich geschäftlicher Natur und sollen etwas in dem gestrigen Briefe meiner Frau Versäumtes nachholen. Bitte, sage Theo, daß er sofort schreiben möge, und zwar wie das erste Mal: Rom, poste restante. Empfiehl ihm auch – was ich nur vorsichtshalber bemerke –, daß er nichts Unangenehmes melden möge. Es verstimmt hier nur, ohne daß man auf 200 Meilen Entfernung die Dinge ändern kann.

Einliegenden Zettel hat die teure und verehrte Gattin wohl die Freundlichkeit, in ein Couvert zu stecken und unter Adresse: »Frau Johanna Treutler, Neuhof bei Liegnitz« an Mete gelangen zu lassen.

Wir hatten gestern einen wunderschönen Tag (ich befand mich wieder wohler) in den Kaiserpalästen und später in den Thermen des Diocletian, wo mich die in die Trümmer hineingebaute Kirche und in ihr ein wundervoller Domenichino entzückte. Dies

Bild (der heilige Sebastian am Kreuz; gewöhnlich nur am »Pfahl«) zählt zu den großen Nummern, deren es – ich möchte sagen, Gott sei Dank – viel weniger gibt, als man in einer Art Besorgnis, es nicht bezwingen zu können, vorher annimmt.

Das Trümmer-Rom interessiert mich 100mal mehr als das, was steht und prunkt. Oh, wie begreif ich die Kaiserzeit, die von dem Mann aus Bethlehem nichts wissen wollte. Gewiß hatte sie unrecht; aber für die *Sinne* ging von da ab eine große Welt unter, und eine kleine kam herauf. Die in die alten Wölbungen und Kolonnaden verhältnismäßig kümmerlich hineingestellten Kirchen wirken wie ein Predigtamtskandidat mit angegrauter weißer Halsbinde, der sich in eine vornehme Gesellschaft eindrängt und alles mit seinem prätentiösen Kleinzeug langweilt. Heyden wird mir gewiß recht geben, wär es auch nur um des Predigtamtskandidaten willen.

Heute wollen wir noch mal nach der Kirche S. Mar. dei Angeli, dann nach San Clemente, dann in die Galerie des Palazzo Borghese. Die Elloramutter ist unberufen wohl und munter. Sie meint, es reise sich mit mir wie mit einem »Vater«; eine etwas bedenkliche Ehrenerklärung.

An Karl Zöllner, Rom, 23. Oktober 1874

Krankheit und allerlei Ärger

Anbei nun endlich die Briefe. Sie sind mir blutsauer geworden. Ich hatte mir es leichter vorgestellt; zu der bek. Reise-Abspannung kamen Krankheitstage, auch an Ärger hat es nicht gefehlt. Bitte, beurteilen Sie die Verzögerung nachsichtig.

Im ganzen ist es uns bisher gut ergangen. Sieben Wochen ohne Störungen und Fatalitäten gibt es nicht, und am wenigsten auf Reisen. Über einzelne Vorkommnisse habe ich in den Briefen an

Stadtg[erichtsrat] R. Lessing, Pietsch, Direktor Foß kleine An-
deutungen gemacht.

In den Briefen an Frenzel und Dr. Braun habe ich das »Rom«
absichtlich fortgelassen.

Todmüde – es ist bereits Mitternacht und morgen früh um 8
wollen wir bereits nach Frascaty und dem Nemi-See – habe ich
nur noch Kraft genug, Ihnen und dem ganzen Hertzschen Hause
ein sehr herzliches Lebewohl zuzurufen. Meine Frau empfiehlt
sich.

An Wilhelm Hertz, Rom, 24. Oktober 1874

Wer alles zwingen will, wird nur konfus

Rom, 31. Oktober 1874

Habe Dank für Deinen langen und liebenswürdigen Brief, den
ich ohne weiteres zu den Taten Deines Lebens rechne. Auch die
Beilage hat uns sehr amüsiert; ich vermute, daß Ihr ein heitres
Beisammensein bei Heydens zu Abfassung dieser glücklichsten
aller Denunziationen benutzt habt. Sehr aus der Seele gesprochen waren mir auch Deine Bemerkungen über den Arnim-Fall.
Ich finde es namentlich töricht, daß die Familie, wie ich aus verschiedenen Telegrammen ersehe, schließlich den Gekränkten
spielt und in verschiedenen Mitgliedern aus dem Staatsdienst
ausscheidet. Es wird übrigens auch *so* gehen.

Übermorgen früh werden wir Rom, nach fast dreiwöchent-
licher Anwesenheit hierselbst, verlassen. Wir tuen es mit dem
Gefühl, nur einen Zacken vom Baumkuchen, allerdings wohl die
vorstehendste, braunste und schmackhafteste Stelle, genossen zu
haben. An Fleiß und Eifer haben wir es nicht fehlen lassen, aber
der Stoff ist endlos. »Unüberwindliche Mächte.« [Titel eines Ro-
mans von Herman Grimm.] Wenn hierin einerseits etwas Nie-
derdrückendes liegt, so doch auch andrerseits etwas Trostreiches,

für mich wie für alle diejenigen, die sich mit einem kurzen Aufenthalt begnügen müssen. Es würde mich geradezu verstimmen, mir sagen zu müssen: »hättest du noch drei weitere Wochen gehabt, so hättest du Rom im großen und ganzen bezwingen können«; aber ich empfinde umgekehrt ganz deutlich, daß die Zeitfrage an dieser Erdenstelle eine ziemlich gleichgültige ist und daß ich nach drei Monaten von Rom mit demselben Gefühle scheiden würde wie in diesem Augenblick. Was zu leisten war, ist geleistet worden. Ich habe die Lage der Stadt, der Straßen und Plätze, der Paläste und Kirchen, das Genrehafte und das Landschaftliche, wie ich mir einbilde, zur Genüge weg; damit muß man sich zufrieden geben und wegen unerledigter Details sich nicht zu Tode grämen. Diese Detail-Schätze, wie ich nur wiederholen kann, sind eben unbezwingbar. Ein Menschenleben reicht dafür nicht aus. Ich war heute, nachdem ich gleich am ersten Tage das Äußre der Kirche besichtigt, in Santa Maria Maggiore, in der, beiläufig, in bereits fertiger, kostbarer Marmorgruft Pio non begraben werden wird. Außer zwei besonders berühmten Kapellen (Kapelle Borghese und Kapelle Sixtus V.) enthält diese Kirche in ihrem Langschiff 26 biblische Gemälde und ebenso viele Mosaik-Doppelbilder, die sich, als alter eiserner Bestand, unter den Gemälden hinziehn. Alles in allem also 78 Darstellungen bloß in dem Mittelschiff einer einzigen Kirche! Man kann mit 10 multiplizieren, wenn man die Zahl der Gesamtschätze dieser Basilika, die keineswegs zu den reichsten und interessantesten zählt, angeben will. Was ist da anzufangen? Über den Inhalt der beiden Kapellen, wie über die 78 Mittelschiff-Bilder, bin ich mit dem Glase hingelaufen, um eine ohngefähre Vorstellung von der Beschaffenheit und dem Wert dieser Dinge zu gewinnen. Dies ist sehr wenig; aber ein mehrfach wiederholter Besuch würde daran nichts Erhebliches geändert haben. Die Dinge sind nicht nur in einer schwer zu bewältigenden *Fülle* da, sie sind auch durch äußre und, was noch schlimmer ist, durch *innre,* den Kern der Sache treffende Dunkelheit so mühsam unterzukriegen, daß jede Kirche ein wochen-, vielleicht monatelanges Studium erheischt. Da es Hunderte von Kirchen gibt, so liegt es auf der Hand, daß ihre Gesamt-Bewältigung niemand zu leisten vermag und daß auch der Tapferste und Beharrlichste mit der Überzeugung von Rom scheiden wird, den Dingen nicht annähernd gerecht geworden zu sein. Auch hier, wie überall im Leben, heißt es sich bescheiden. Wer alles zwingen will, wird nur konfus. Das denkbar Unangebrachteste an dieser Stelle ist das »Austitschen-Wollen«, zu dem ich vielleicht von Natur, jedenfalls durch Gewohnheit einen Hang habe. Hier heißt es, sich vorzugsweise mit Eindrücken begnügen und die schwere Kunst des Ausscheidens üben, des Trennens alles Nebensächlichen vom Hauptsächlichen. Es muß dahingestellt bleiben, ob mir dies geglückt ist. Die letzten 4 Tage haben ausschließlich dem Vatican und seinen Schätzen gegolten, und in sieben mehrstündigen Besuchen glaub ich mir das meiste derartig zu eigen gemacht zu haben, wie es das Maß meiner Erkenntnis überhaupt zuläßt. Ich darf aussprechen: ich kenne die Laurentius-Kapelle nun, und wenn ich sie noch 50 Male sähe, würde ich in meiner Stellung zu ihr nicht um ein Haar weiterkommen. Nicht in gleichem, aber doch in ähnlichem Grade kann ich es von allem übrigen sagen. Die Messe von Bolsena oder die Erscheinung des Engels in Petri Gefängnis kann mir nicht tiefer und lebendiger in die Seele geschrieben werden, als es in diesem Augenblicke der Fall ist. Die großen Sachen sind mit Liebe und Gewissenhaftigkeit absolviert; die tausend andren, für Kunst- und Kulturgeschichte *lehrreichen* Nummern, die noch bleiben, erheischen nicht das Auge eines Reisenden, sondern das eines Studierenden, die Arbeit eines Lebens. In dieser Erkenntnis schnüre ich frohen Mutes mein Bündel. Das Mögliche ist geleistet worden, und wie ich kühnlich hinzusetze: für *meine* Verhältnisse gerade genug.

31. Oktober abends

All diese Betrachtungen, wenn ich sie überfliege, sehen mich etwas pappstofflich an; es ist nicht der Ton, in dem ich sonst wohl Briefe zu schreiben pflege; aber es will nicht anders gehn. Alles, was man sieht, gleichviel ob es einem gefällt oder überhaupt nur *verständlich* wird, flößt einem einen solchen kolossalen Respekt ein, daß sich der Bummelwitz ängstlich verkriecht. Man scheidet aus der Gesellschaft anständiger Menschen aus, wenn man, aus dem Vatican oder St. Peter kommend, sich in Scherzen – selbst in guten – ergehen will. Hier ist ein Fall gegeben, daß selbst die humoristische Behandlung der Dinge, die ich sonst so hoch stelle, zum Fehler werden kann. All Ding hat seine Weise.

Neapel, 3. November 1874

Soweit war ich vor drei Tagen gekommen. Mit derselben schlechten Tinte, aber einer noch schlechteren Feder fahre ich heute fort.

Den Brief in Rom noch zu schließen verbot sich, da gerade der letzte Tag noch allerhand brachte. Es traf sich so glücklich, daß gerade am 1. November die während der 6 Sommermonate geschlossene Villa Farnese (Farnesina) zum ersten Male wieder geöffnet wurde, so daß wir noch imstande waren, die zwei berühmten Säle dieser Villa mit der Galatea und der Darstellung des Amor- und Psyche-Märchens in Augenschein zu nehmen. In Kunstschwatz kann ich mich hier nicht ergehen; der schon so lange Brief würde sonst endlos werden. Nur soviel ganz allgemein, daß ich, bei der aufrichtigsten Bewunderung vieler der sogenannten »großen Nummern«, einer kaum geringeren Zahl gegenüber ziemlich ketzerische Ansichten unterhalte. Die Lügerei der Menschen, auch derer, die etwas von den Dingen zu verstehn vermeinen oder auch meinetwegen wirklich verstehn, ekelt mich an. Nichts ist rarer als innerliche Freiheit den Erscheinungen des Lebens und der Kunst gegenüber und der Mut, eine selbständig gehabte Empfindung auch auszusprechen. Und doch wäre selbst das Dummste immer noch besser als das Unwahre, aus Furcht oder Eitelkeit Nachgepapelte. Die in die Reisebücher aufgenommenen Kunsturteile, oft von sehr berühmten Leuten, wirken meistens unsagbar abgeschmackt. Man fühlt, daß die betreffenden Herrn wenig gefühlt und wenig gewußt und in dieser Verlegenheit sich mit öden Redensarten aus der Affäre gezogen haben. Onkel Unger hatte ganz recht, wenn er die fragwürdigsten alten Pinseleien kaufte und nicht eher ruhte, bis er einen Gian Bellin oder Giorgione herauskonstruiert hatte. Viele Renommees sind gewiß in ganz ähnlicher Weise durch die Ungers der Kunstgeschichte nach und nach gemacht worden. Wenn von tapfrem Verleumden immer etwas hängenbleibt, so auch von tapfrem Loben. Ich glaube ganz bestimmt, daß drei geistreiche Kerle einen vierten, wenn sie es nur eisern wollen, berühmt machen können, namentlich wenn der zu Feiernde dunkel und unverständlich ist. Nur an der biedren Platitüde scheitert alle Verherrlichungskunst.

In die Heimat zurückgekehrt, werde ich meine Zunge sehr hüten müssen, auch schon deshalb, weil ich selber sehr wohl empfinde, daß es mir nach einer ganz bestimmten Seite hin an etwas sehr Wesentlichem gebricht, was nun mein Urteil einseitig und ungerecht macht. Lägen die Dinge günstiger, so würde ich mich mit einem wahren Feuereifer in diese Fragen stürzen und in einem Tone losgehn wie etwa über die Iphigenie der Frau Erhartt. Denn an diese Iphigenie erinnert sehr vieles. Schöne Erscheinung und schöne Bewegungen hatte Frau Erhartt auch. In meinem Gemüte steht es aber felsenfest, daß es in aller Kunst – wenn sie mehr sein will als Dekoration – doch schließlich auf etwas Seelisches, zu Herzen Gehendes ankommt und daß alles, was mich nicht erhebt oder erschüttert oder erheitert oder gedanklich beschäftigt (wie beispielsweise die großen und doch so einfachen Sachen Michelangelos), keinen Schuß Pulver wert ist.

Hiermit hängt es zusammen, daß mir die der raffaelischen Zeit unmittelbar voraufgehenden Jahrzehnte lieber sind als die »Blütezeit« selbst. Ich beziehe dies auf die *Epoche*, nicht auf die einzelnen Leistungen, unter denen aber nur die mit Recht als die großen und größten gelten, die neben der vollen äußren Schönheit auch jene *innerliche* haben, die das Auszeichnende und Herrliche des 15. Jahrhunderts war. Mögen andre anders darüber denken, ich denke *so* und habe mein gutes Recht dazu. Ich lasse mich von niemandem mehr von dieser mir tief ins Herz geschriebenen Überzeugung abbringen, auch von den Berühmtesten nicht. Es ist unglaublich, wieviel Schwindel umgeht. So viel, daß alle Welt mit Fingern auf jeden zeigt, der es wagt, dies auszusprechen. Denn auch die Besten sind mehr oder weniger Groß-Schwindelbewahrer und fühlen sich verletzt oder bedroht, wenn jemand laut oder leise zu lachen wagt.

Nur eines ist nicht Schwindel: der Golf von Neapel, der eben sonnen-beschienen und boote-befahren in herrlichsten Farben vor mir liegt, und die aufrichtig freundschaftliche Gesinnung des Gefertigten für den Kreis seiner Freunde, insonderheit für seine teuren Chevaliers. Wie immer Dein alter

Noel.

Palast Lovati am Popolo-Platz ist jetzt Hôtel. Die Gräber von Lepels Onkel und Wichmanns Bruder (Fourniers fanden wir) waren nicht zu entdecken. Die »italienische Buchführung«, soweit Kirchhöfe in Betracht kommen, kann sich selber begraben lassen. Keine Zahl stimmte. Grenzenlose Konfusion. Ein völliges Bummelvolk. Ich komme preußischer zurück denn je. Freiheit und weiter nichts ist etwas ziemlich Elendes. Der Mensch bedarf der Trainierung. Die Zehn Gebote waren doch nichts andres als Disziplin.

Am 3. November nachmittags. Der lange Brief, wie Du leicht erkennen wirst, ist diesmal lediglich für Haus Zöllner bestimmt, *nicht* für die Kinder (ich meine die meinigen). Natürlich bitt

ich Dich, Theon draus vorzulesen, was Du für gut hältst und
Georgen später die volle Einsicht zu gestatten. Was die Freunde
angeht, so könnte ich beinah sagen, daß der Brief noch mehr an
den Geschichtsmaler August v. Heyden als an den Rat Zöllner
gerichtet ist; ich komme ja aus der Kunstbetrachtung gar nicht
heraus, wenn ich auch die Details geflissentlich vermieden habe.
Also jedenfalls für Heyden *mit*. Den andern Freunden gegenüber
empfiehlt sich vielleicht Vorsicht, weil ich nicht gern das Gefühl
wecken möchte: »Gott, der präpariert sich wieder seinen besondren Standpunkt.« Milachen wird wohl noch ein paar Worte hin-
zufügen.

An Karl Zöllner, Rom und Neapel, 31. Oktober bis 3. November 1874

Der ganze Vesuv saß mir im Leibe

Außer einigen Worten, worin wir, von Florenz oder Verona
aus, den Tag unsrer Rückkehr angeben werden, werden dies
wohl die letzten italienischen Zeilen sein. Ich schreibe sie am
10. November bei weitgeöffnetem Fenster und bin nach links
hin in den Schatten gerückt, um nicht nur der Sonne, sondern
auch der Wärme zu entfliehn. – Leider bin ich immer krank;
indessen das Stück Erde, das hier ausgebreitet vor uns liegt, ist
von einer solchen alle Mißstimmung und allen Nörgelhang siegreich überwindenden Schönheit, daß man seine Choleratropfen
freudig ergeben weiternimmt und die Table d'hôte-Diners, die
man als bloßer Zuschauer mitmacht, in verklärtem Schmerze bezahlt.

Vorgestern, nachdem wir schon vorher Pompeji besucht hatten, sind wir von einer 3tägigen Fahrt ins Land zurückgekehrt,
deren Programm lautete: Capri, Sorrent, Salerno, Paestum. In
Capri sah ich die Lepelsche »Witwe von Capri« *nicht*, dafür aber
die Kopischsche Blaue Grotte und die Platenschen »Fischer von

Capri«, wie man denn überhaupt aus Jugenderinnerungen und ganz speziell aus dem Rauschen des deutschen Dichterwaldes an dieser gesegneten Erdenstelle gar nicht herauskommt. In Sorrent erging es mir minder gut als unsrem Freunde Paul Heyse, so daß ich statt der Idyllen nur etwa Elegien hätte verfassen können. Leider keine Goetheschen, denn nichts lag mir ferner, als auf irgendeinem Nacken auch nur den fraglichsten Hexameter zu skandieren; der ganze Vesuv saß mir im Leibe, und das unheimliche Rollen und Grollen nahm kein Ende. Endlich mit Hilfe höllischer Tinkturen (Satan durch Beelzebub) aus dem Gröbsten heraus, beschloß ich, den ersten Schritt zu weiterer Rekonvaleszenz von Bewegung in frischer Luft zu erwarten, und stieg kühnlich in den Wagen, den wir zu vier genommen hatten. Die Gesellschaft, darunter zwei Damen, ertrug mich in Geduld, denn ich saß zwischen ihnen, nicht wie die Zeder auf dem Libanon, sondern wie der Baldrian auf der Rudower Wiese. Zwölf Stunden lang hatte ich von Tinctura Valerianae gelebt. Die köstliche Fahrt tat mir wirklich wohl, und wir trafen am Abend des zweiten Tages in Salerno ein. Am Morgen des dritten nach Paestum, dessen Räubern und Schlangen wir gleichmäßig glücklich entgangen sind. Die Elloramutter als Heroine. Mit Todesangst im Herzen *doch* ausgehalten; der einzig wahre Mut. Um 9 Uhr abends waren wir, mit Hilfe der Eisenbahn, wieder in Neapel, das wir mit einer Art Heimatsgefühl begrüßten. Morgen oder übermorgen wollen wir auf den Vesuv, ich immer, links und rechts gestützt, als »sterbender Mansfeld«; dann noch wenige Tage in Neapel selbst und dann in drei großen Etappen: Florenz, Verona, München, wieder nach Haus. Alles, was auf dem Rückwege abgemacht werden sollte, ist, wie immer, aufgegeben worden. Milachen ist müde, ich bin krank; dazu ist das Geld ausgegeben, nachdem sich zu den 150 in Rom schändlich eingebüßten Francs noch ein weiterer kleiner Verlust gesellt hat: mein Portefeuille wurde mir auf dem Toledo von einem geschickten Langfinger aus der Brusttasche gezogen. Sei so freundlich und schicke mir nach München 50 Taler unter der Adresse: An den Herrn Eigentümer des »Hôtel Marienbad« (Herrn Th. Fontane bei seiner Ankunft einzuhändigen). Ich werde die Summe kaum brauchen; aber besser ist besser. Herzlichste Grüße an alle Freunde, besonders an die Italianissimi: Lepel, Wichmann, Heyden. In der Hoffnung auf ein glückliches Wiedersehn, unter Vorweg-Dank für so viele bewiesene Freundlichkeit, wie immer Dein alter

Noel.

PS Verzeih, daß ich so ungeniert um die 50 Tlr. bitte; ich weiß, man hat sie nicht immer im Portemonnaie. Laß mich hoffen, daß ich keine Unbequemlichkeiten dadurch schaffe. – Heut, von 9 bis 5, haben wir eine große Fahrt nach der Solfatara, dem Golf von Bajä und seinen nächsten Umgebungen gemacht; auf dem Rückwege durch den Posilipp, an dessen Ausgang wir das Grab des Virgil besuchten.

An Karl Zöllner, Neapel, 10. November 1874

Bekenntnis zu den Müggelsbergen

Seit 4 Tagen wieder hier, eile ich, um Ihnen ein Lebenszeichen von uns zu geben. Sieben schöne Wochen, die wir in Venedig, Florenz, Rom u. Neapel zubrachten, liegen hinter uns; unsre Erwartungen sind fast noch übertroffen worden, dennoch sind wir froh, nun wieder in der Heimat zu sein und unsrer Arbeit, unsren Kindern und Freunden leben zu können. In der Jugend, wo man noch flügger, noch weniger verwachsen mit dem Boden ist, auf dem man geboren wurde, kann einem in der Fremde und ganz besonders in einer so schönen Fremde der Wunsch kommen, sich auf lange niederlassen und das Herrliche ganz genießen, das Lernenswerte ganz lernen zu wollen. Man hat dann noch eine freie Wahl und kann sein Leben, sein Studium, seine Interessen an irgendein Schönes setzen, das einem irgendwo entgegentritt. In spätren Lebensjahren ist das nicht mehr möglich; man ist dann nicht bloß mit einer Frau (wenigstens in der Regel), sondern auch mit einer bestimmten Lebensaufgabe verheiratet, die einem nun nicht mehr erlaubt, willkürlich dies und das zu tun, sondern einen mit wohltuender Gewalt in das vorgeschriebene Geleise pflichtschuldiger Tätigkeit zurückzwingt. Vor 30 Jahren hätten mich nicht zehn Pferde von Neapel weggekriegt, und ich würde Kopf und Kragen daran gesetzt haben, mein Leben, oder doch ein bestes Stück davon, dem Studium Pompejis und seiner ausgegrabenen, wunderbaren Schätze zu widmen. *Jetzt* konnte mir dieser Wunsch nicht mehr kommen, kaum der Gedanke. All dieser Herrlichkeit gegenüber empfand ich deutlich, und nicht einmal schmerzlich, daß meine bescheidene Lebensaufgabe nicht am Golf von Neapel, sondern an Spree und Havel, nicht am Vesuv, sondern an den Müggelsbergen liegt, und inmitten aller Herrlichkeit, die nur eben bildartig gesehn und dann in den Kasten der »Anschauungen« hineingetan sein wollte, zog es mich an die schlichte Stelle zurück, wo meine Arbeit und in ihr meine Befriedigung liegt. Wenn es Zweck des Reisens ist, sich zu enthusiasmieren und innerhalb des Enthusiasmus sich glücklich zu fühlen, so kann man nicht früh genug auf Reisen gehn, handelt es sich umgekehrt um jene gerechte Würdigung, die verständig gewissenhaft abwägt zwischen Daheim und Fremde, zwischen Altem und Neuem, so kann man seinen Wanderstab nicht spät genug in die Hand nehmen. So schön und herrlich Italien ist, so ist es mir doch ganz unzweifelhaft, daß es durch *jugendliche* Menschen, namentlich durch die unglückselige Klasse der Maler, noch zu etwas Herrlicherem hinaufgeschraubt worden ist, als nötig war.

Bei unsrer Rückkehr fanden wir alle vier Kinder vor: Theo hatte mittlerweile Haus gehütet und Friedeln überwacht, George war am 8. auf Urlaub hier eingetroffen, Martha am 18. von Schlesien angelangt. Die Freude war groß. Seitdem fallen wir aus einer Gesellschaft in die andre, und man muß sich, wenn Sie den Berolinismus gütigst verzeihen wollen, den Mund geradezu fußlig reden. Rütli, 2mal bei Heydens, gestern bei Wichmanns, morgen bei Lucaes, übermorgen bei Zöllners, am Sonntag bei Wangenheims, und ich fürchte, daß der Kreis hiermit keineswegs geschlossen ist. Eh ich es vergesse: an der Table d'hôte in Neapel trafen wir Frau v. Hagen auf Langen nebst Gemahl, und nach drei Minuten schon kannten wir alle Ruppiner Stadtneuigkeiten. Glücklicherweise war *ich* nicht dabei; ich war, wegen Unwohlseins, auf meinem Zimmer geblieben, aber meine Frau hatte die ganze Salve auszuhalten. Ich wollte mich beim Tee auch noch vorstellen, hütete mich aber wohl. Es war der *letzte* Abend, sonst würden diese Vorsichtsmaßregeln nichts geholfen haben.

An Mathilde von Rohr, Berlin, 24. November 1874

Aus den Tagebüchern

Fontanes Aufzeichnungen 3. – 15. Oktober 1874

Sonnabend d. 3. Oktober
Von München nach Verona

Der Zug ging nicht abends am 2. Oktober. So denn Abfahrt am 3. um 9 Uhr 10 Minuten. Anfänglich höchstens Gegend à la Luckenwalde; erst bei Rosenheim wird es schön, plötzlich hat man die Bayrischen Alpen vor sich, und im nächsten Moment ist man drin und fährt, Berge links und rechts, das *Inntal* hinauf. Die Bergpartien bleiben an Grandiosität hinter den Schweizer-Bergen weit zurück, doch treten sie, der *Zahl* nach, massenhafter an einen heran. Das einzelne wirkt nicht bewältigend, aber das *Ganze* macht einen bedeutenden Eindruck. Kufstein, Grenzfestung, liegt ähnlich imposant wie *Bellegarde*, das den Jurapaß zwischen Schweiz und Frankreich schließt. Nach Kufstein kommen die Städte Schwaz und Hall, hübsch gelegen; dann *Innsbruck*, das einen eminent langweiligen Eindruck macht. Einen desto beßren machte die Bouillon mit Leberknödel seines Bahnhofs. Hinter Innsbruck beginnen die Tunnel, und die Bahn klettert, über den Iselberg hinweg, bis zum *Brenner*-Paß hinauf. Hier scheiden sich Deutschland und Italien, wenigstens geographisch, wenn auch nicht politisch; Südtirol beginnt. Man kommt nach *Sterzing*, dem Geburtsort Speckbachers (auch Passeier in der Nähe), und fährt nun im Etsch-Tal hinab, wie man vorher das Inn-Tal hinauffuhr. Erst *Brixen*, weiß mit Schindel oder Schieferdächern, dann *Franzensfeste*, wo eine Bahn nach Triest abzweigt, dann *Bozen*. Franzensfeste ist ein ziemlich bedeutender Bau, modern, gasometerartige Rundtürme mit Geschützöffnungen. Bozen lag da, wie ich Dover zu sehen pflegte: ein paar Schattenstreifen am Berge hin und die Schattenstreifen durch hundert

Lichter belebt. Das Bozener Obst wurde am Bahnhof durch *eine* harte Birne repräsentiert, die ich für 6 Kreuzer akquirierte. Dann Trient, dann Roveredo. Um etwa 11 Uhr Ankunft in Verona. Unterkunft gefunden in Colomba d'oro. Zimmer 36 machte anfangs einen so bedenklichen Eindruck, daß ich es mit dem Licht in der Hand absuchte und einiges Kleinzeug (Spinnen, Spinnweb, Ohrwürmer, Gnitzen) verbrannte. Die gefürchtete Störerin meiner Nächte, das kastanienbraune Plattier, blieb aber aus. Ich gebrauchte die Vorsicht, in die Klinse der wenig geöffneten Tür ein brennendes Licht zu stellen. Dies rettete uns vor Gnitzen und gab mir die Befriedigung, ein Licht verschwinden zu sehen, das ich doch bezahlen mußte.

Sonntag den 4. Oktober. In Verona.

Frühstück im Hôtel; auf die Piazza Brà mit dem römischen Amphitheater. Großartig und vollendet. Triumph geschmackvoller Technik; von Kunst, die vom Himmel stammt, keine Rede. Porta *Borsari*; auch altrömisch. Dann auf die Piazza Erbe oder d'Erbe. Gemüsemarkt. Höchst interessantes, italienisches Treiben, heiter, lachend, laut, bunt, polcinellhaft. – Dicht dabei die Piazza dei Signori, der Hauptplatz der Stadt. Hier sind einzelne Gebäude von Bedeutung, dazu die neuerdings restaurierte »Veronesische Ruhmeshalle«, Statuen von *Dante* in Mitte des Platzes und *dahinter,* höher angebracht, eine zweite, von einer andren italienischen oder veronesischen Zelebrität, ein Arrangement, was höchst glücklich wirkt. Etwa so [folgt eine Skizze Fontanes]. a und b sind zwei Hälften ein und derselben Straße, die durch den Platz sozusagen unterbrochen wird. c ist die Dante-Statue inmitten des Platzes; bei a ist in Höhe von 30 Fuß oder mehr die Straße durch einen Bogen überspannt, und auf diesem Bogen steht nun die *zweite* Statue, die über den Kopf Dantes hinwegblickt.

Dicht an diesem Platz eine kleine Straße mit Kirche und Kirchhof; letztere beiden umgittert. Auf diesem kleinen umgitterten

Kirchhof stehen die beiden Grabdenkmäler zweier Scaliger.
Höchst interessant.

Ebenfalls in unmittelbarer Nähe der Piazza dei Signori ist ein
andrer Kirchplatz, mit einer großen alten Kirche, in der »Indul-
genza plenaria« auf einer Eintrittstafel angekündigt war. Die Kirche drückend voll. Ein Geistlicher predigte. Das Ganze wie eine
Parade-Cour; man kam und ging.

Flaniert in der Stadt. Dies und das gesehn. Alte Brücken, Kir-
chen, Plätze, römische Überreste. An der Piazza Brà erbärmlich
gegessen. Dann in einem Wagen nach *Giardino Giusti*; dreihun-
dert sehr alte Zypressen; 120 Fuß hoch, kostbare Trauerweide.
Anblick von der Höhe des Gartens. A. Thiers u. Böcklin im
Fremdenbuch. Dann an dem Palazzo Capulet (jetzt eine Art
Ausspannung) vorbei nach einem Vorstadt-Garten, in dem sich
Tomba di Giulia befindet. Sackgasse, Torweg, langer Festungs-
gang, langer Gartengang, dann rechtswinklig abbiegen, dann eine
Art Gartenhaus mit gelbrotem Zimmeranstrich, Verkaufstisch
von Kinkerlitzchen und auf einer oder zwei Treppenstufen die
tomba selbst in halber Höhe. Unten etwas ausgehöhlt. An der
Wand ein kostbarer Immortellenkranz mit englischer Visiten-
karte. Im Zurückgehen A. Thiers, Frau und Schwägerin.

Gegen 6 Uhr nach Venedig. Fahrt über Vicenza, Padua, Mestre
und die kolossale Lagunen-Brücke. Ankunft gegen 10. In einer
Gondel den Canal grande hinunter, unterm Rialto fort, bis zum
Hôtel Bauer.

Montag den 5. Oktob. In Venedig (1. Tag)

Hôtel Bauer ist ein großes Etablissement: Hôtel, Pension, Chambre garnie, Restaurant, alles zusammen, aber in drei, vier Häusern verteilt, die alle an einem Seitenkanal des Canal grande in
unmittelbarer Nähe der Kirche San Moisé und in ziemlicher
Nähe (300 Schritt) des *Marcusplatzes* liegen. Besonders ausgezeichnet ist das *Restaurant*. Hier herrscht von früh 9 Uhr an das

regste Leben in einem etwas rustrigen, aber geräumigen Lokal, so recht ein gutes deutsches Kneipenlokal. Bedienung prompt und freundlich, alles, was man genießt, sehr gut, das Bier ausgezeichnet. Wir haben sehr angenehme Stunden an dieser Stelle zugebracht. Gleich am Sonntagabend, unmittelbar nach unserer Ankunft, nahmen wir hier eine gute Abendmahlzeit. Alle Deutsche finden sich hier zusammen.

Am *Montag* früh, nach einem Frühstück im Hôtel selbst, an San Moisé vorbei auf den *Marcusplatz* und die *Piazetta*. Der Anblick beider ist bewältigend. Welcher der schönere von beiden, ist schwer zu sagen. Man sollte, soweit Landschaft und Architektur in Betracht kommen, geneigt sein, der Piazetta den Vorzug zu geben. Sie hat den überaus malerischen *Dogenpalast*, hat eine *Flanke der Marcuskirche*, nimmt an dem *Campanile* (der an der Ecke beider Plätze steht) teil und hat zu dem allem die wundervolle Aussicht auf die Lagunen und die Inseln San Giorgio maggiore und La Giudecca. Dennoch ist der *Marcusplatz*, der außer der Front der Marcuskirche nur mächtige, aber unförmige Kolonnaden zu beiden Seiten hat, der bevorzugtere Aufenthalt und, wie mir scheinen will, mit Recht. Ob das, was ihn anziehender macht, die Schönheit und Größe seiner Verhältnisse oder eine günstigere Beleuchtung oder die Marcus-Fassade oder die lachende Heiterkeit seiner Läden und seines Lebens und Treibens ist, stehe dahin; aber es ist eine Tatsache, er gefällt mehr und absorbiert alles Fremden-Leben.

Die *Piazetta* mündet auf einen Quai, an dessen kleinen Landungsbrücken zahllose Gondeln liegen; nach *links* hin läuft dieser Quai erst an der einen Flanke des Dogenpalastes hin, überbrückt dann einen Kanal (Ponte di Paglia) und nimmt nun weiterhin den Namen Riva delli Schiavoni an. Nach *rechts* hin läuft der Quai nur noch eine kurze Strecke an Garten und Gitter des Palazzo reale hin; hier hat der Quai ebenfalls einen eigenen Namen, den ich jedoch vergessen habe. – An der Riva liegen die Dampf-

Schiffe, die nach Triest, Chioggia und dem Lido fahren. Hier singen abends die Schiffer volkstümliche Weisen, hier ist noch echtes venezianisches Leben, während auf dem Marcusplatze meist nur Fremde aller Nationen getroffen werden. – Links von der Ponte della Paglia, den schmalen Kanal zwischen Dogenpalast und dem Gefängnisgebäude überbrückend, ist die *Seufzerbrücke*, Ponte dei Sospiri. – Der Rialto ist mitten in der Stadt und überbrückt mit einem mächtigen Bogen den *Canal grande*, gerade halben Wegs zwischen dem Bahnhof und der Piazetta.

Die *Post*, die sich früher in einem alten Palast am Canal grande befand, ist jetzt in verhältnismäßig geringer Entfernung vom Marcusplatz. Man biegt in die Gasse neben dem Uhrturm ein und gelangt dann sehr bald an den ersehnten Platz der Poste restante-Briefe. Ich fand daselbst die Korrekturfahnen vor, die mir Goldiner getreulich nachgeschickt hatte.

Flaniert. Abwechselnd Eis, Absinth, Kaffe. Um 6 ins Hôtel zum Diner. Frau v. Noville und Tochter an der Table d'hôte getroffen. – Um 9 mit Novilles auf den Marcusplatz. Um 10 mit Emilie zu Biere im Restaurant Bauer.

Dienstag d. 6. Oktober. Zweiter Tag in Venedig

Emilie mit Novilles ausgeflogen. Ich im Hôtel geblieben, um die Fahnen zu korrigieren. – Um 2 aus. Erst Frühstück im Restaurant. Dann in die Kirche *Santa Maria dei Frari*. Sie enthält die Grabdenkmäler einer Anzahl von Dogen und andren Größen der Republik, namentlich auch die Grabdenkmäler *Tizians* und *Canovas*, beide einander gegenüber. Ich finde beide nicht besonders; sie verschwinden neben den großartigen Leistungen der Peter Vischerschen Kunst und Schule in Nürnberg, München, Innsbruck. Das dem Tizian errichtete Grabdenkmal ist kümmerlich; in der Rundbogenhalle einer Renaissance-Architektur sitzt der alte Meister, zwei symbolische Figuren neben sich, während hinter und neben ihm drei seiner berühmtesten Bilder in Basrelief wiedergegeben sind. Darunter das Hauptbild, die Assunta. Dies ist die billigste Manier, sich loszukaufen. So kann man 12 Denkmäler in einer Stunde komponieren; immer eine Büste oder Statue und die Werke des zu feiernden Meisters in Kopie drum herum. – Das Denkmal *Canovas* ist nicht viel besser, wenn ihm auch Geist und Eigentümlichkeit nicht abzusprechen ist. Man sieht eine Grab-Pyramide (die Fassade derselben reliefartig vorspringend), und drei trauernde Frauen-Gestalten, unter ihnen als 4. Figur ein Fackelträger, schreiten auf die halbgeöffnete Tür des Grabes zu. Von der andern Seite ein geflügelter Löwe, wie es scheint, in stillem Schmerz entschlummert, und neben ihm ein trauernder Genius. Dies alles klingt ganz gut und könnte bedeutend wirken, wenn nicht die Gestalten selbst alle tief in *süße Weinerlichkeit* getaucht wären. Es ist modern-sentimental und wirkt beinah unangenehm. Nur im ersten Moment wirkt die Eigentümlichkeit der Komposition sehr günstig.

Von Santa Maria dei Frari zur *Academia delle belle Arti* am Canal grande. Ich hatte nur noch Zeit zu einer flüchtigen Besichtigung der hier aufgehäuften Schätze, die bei diesem ersten Besuch einen geringeren Eindruck auf mich machten, als ich erwartet hatte. Die beiden berühmten Tizians: Marias erster Gang in den Tempel (als etwa 10jähriges Kind) und selbst die »Assunta« nahmen mein Herz *nicht* gefangen. Erstres wirkte ein klein wenig komisch, letztres schien mir hinter der *»Himmelfahrt Mariäs«* desselben Meisters in Verona zurückzubleiben. (Ich wurde aber später total bekehrt.)

Von der Akademie auf den Marcusplatz. Den *Campanile* bestiegen; Sonnenuntergang. Kostbares Landschaftsbild, das, wie Wichmann in seinen Notizen sehr richtig bemerkt, nicht wieder vergessen werden kann. Im Nordwesten sank die Sonne hinter den Tiroler Alpen unter und vergoldete diese. – Vom Campanile an die Riva delli Schiavoni. Platz genommen im Café Orientale.

Eis, Absinth, Musik aller Art. Echt venezianisches Volkstreiben: Kaufleute, Juden, liederliche Frauenzimmer, Matrosen, Soldaten, Tassengeklapper und Gitarren-Geklimper; dazwischen wundervoller, gutgeschulter Gesang von zehn, zwölf Schiffern, die, Kreis schließend, in Nähe des Cafés sich aufstellten. – Um 8 Uhr nach Haus. Mit Emilie im Restaurant Bauer gegessen.

Mittwoch den 7. Oktober. Dritter Tag in Venedig.

Mit Novilles im Hôtel gefrühstückt. – Um 10 zu *Antonio Salviati* am Canal grande, dem Wiederhersteller der alt-venezianischen Glas- und Mosaik-Kunst. A. v. Werners Bild gesehen, an dessen Ausführung in Mosaik ein halbes Dutzend Künstler beschäftigt waren. Drei Stunden dort geblieben. Das Ganze sehr lehrreich und sehr interessant. Von Salviati in die Academia delle belle Arti. Nur 10 Minuten vor der »Assunta« geblieben, diesmal mit einem guten Glas bewaffnet. Die erhabene Schönheit dieses Bildes ging plötzlich vor mir auf. Es ist ganz und gar N$^{\underline{o}}$ 1; ein Triumph der Kunst; die alte Phrase von der »Göttlichkeit der Kunst«, die jeder braucht, der drei Leberwürste malen kann, *hier* hört sie auf, Phrase zu sein; dies *ist* ein Göttliches und faßt das Menschenherz ganz anders als 7 Bände Predigten. Ich kann mich nicht entsinnen, durch irgendeine Gestalt je so berührt worden zu sein, selbst die Sixtinische Madonna kaum ausgenommen. In letztrer ist etwas Fremdes, über das Menschliche schon Hinausgehende; hierin mag ihre besondere Größe liegen, aber was unser *Herz* am tiefsten bewegt, muß immer wieder ein Menschliches sein, und das haben wir in dieser Tizianischen Maria. Bei allem Seligsein im Schauen Gottes verbleibt der Gestalt doch etwas Schön-Menschliches. Es ist immer noch ein Weib, keine Himmelskönigin. Darin steckt der Reiz. Der Unterschied zwischen *dieser* Tizianischen Assunta und *der* in Verona (die auch außerordentlich schön ist) liegt äußerlich darin, daß die letztre

zu den Jüngern *hinunter,* jene zu Gott *hinauf* sieht. Daraus ent-
wickelt sich alles Weitere. Freilich mußte es ein Tizian sein, um
die Aufgaben *so* zu lösen. In dem einen Bilde gibt sie, in dem andern empfängt sie; in jenem lächelt und beseligt sie, in diesem
wird sie beseligt in demütigem Aufschauen zu Gott.

Am Nachmittage mit den Damen zusammen nach San Giovanni e Paolo, eine Kirche, die mit der Schule San Marco einen
rechten Winkel bildet. Auf dem kleinen Platz in Front und
Flanke der Kirche steht die berühmte Reiterstatue des Generals
Colleoni, ein Meisterwerk ersten Ranges. Schön, eigentümlich,
lebensvoll. Die Kirche San Giovanni e Paolo selbst enthält sehr
viele Dogen-Grabmäler; einzelne sitzen zu Roß, andre liegen auf
dem Sarkophag, doch ist mir keines dieser Steinbilder als etwas
ganz Besondres im Gedächtnis geblieben. Man muß in der Geschichte Venedigs fester, mit den einzelnen Trägern berühmter
Namen vertrauter sein, um diesen Denkmälern ein größres Interesse abzugewinnen.

Um 6 mit Novilles ins Hôtel zum Diner. Bei Tisch trifft die
Nachricht von Graf Arnims Verhaftung ein. Partielle Aufre-
gung. – Um 9 auf den Marcusplatz. Gelato bei Florian. Militär-
Musik.

Donnerstag d. 8. Oktob. Vierter Tag in Venedig.

Um 10 Uhr in den *Dogen-Palast.* Ein wunderbarer Bau. Die kurzen Säulen des Erdgeschosses, die phantastisch ornamentierten
des I. Stockes, dann endlich der nur von sechs breiten gotischen
Fenstern unterbrochene, in längliche Vierecke abgeteilte Riesen-
Marmorwürfel, der von den Säulengängen des Erdgeschosses
und I. Stockes getragen wird, wirken zauberhaft. Es erinnert an
Bilder, auf denen Luftgestalten irgend etwas Schweres und Mas-
siges, einen prächtigen Sarkophag, einen Reliquienschrein oder
einen Tempel tragen.

Der Eingang ist von der Piazetta aus. Man steigt die Scala dei

Giganti hinan und ist nun auf der Galerie, deren Säulen den ersten Stock umziehn. Zwei dieser Säulen sind *rot*. Von dieser Stelle aus wurden die Todesurteile verkündet oder vielleicht auch nur angekündigt, daß sie vollzogen seien. Geht man bis an das Ende der Galerie, so hat man einen prächtigen Blick auf das Wasser und San Giorgio Maggiore.

Von dieser Galerie des ersten Stockes aus führen zwei Treppen in das Innere des Palastes hinein. Die erste dieser beiden Treppen ist die Scala d'oro. An ihr vorbei, weil sie geschlossen ist, steigt man weiterhin eine zweite, mit der Scala d'oro parallel laufende Treppe hinan, deren Namen ich vergessen habe.

Ist man diese Treppe halb hinauf, so hat man, nach der einen Seite hin, das *Archäologische Museum*, nach der andern Seite hin den Saal des *Großen Rates*, an den der *Saal der Wahlstimmen* anschließt, neben sich.

[…]

Desto interessanter [als die Ausstellungsstücke in einem höher gelegenen Stockwerk] sind die Räume selbst. Hier im Saal der *Drei* und der *Zehn* wurde die Geschichte Venedigs gemacht. Im Saal der Büchse (della Bussola) sieht man noch *eine* der Öffnungen, jetzt durch eine kleine Klapptür geschlossen, durch welche die geheimen Briefe geworfen, die Denunziationen gemacht wurden. Zugleich war es Vorzimmer, in das, auf diese oder jene heimliche Anzeige hin, die Bürger der Republik *zitiert* wurden, um vor dem Rat der Drei oder der Zehn Rede und Antwort zu stehn. Gelegentlich ließ man sie, ohne sie vorzulassen, drei-, viermal erscheinen und steigerte dadurch die bange Erwartung bis zur äußersten Todesfurcht. Sehr eigentümlich ist einer der Ausgänge aus diesem Salle della Bussola. Er gleicht einem schrägstehenden Eckschrank, der durch eine Scheidewand halbiert ist und dessen beide Türen offen stehn. Also etwa so [folgt eine Skizze Fontanes].

In unmittelbarer Nähe dieser drei unheimlichen Räume (die aber keineswegs den Eindruck des Unheimlichen machen), also des Saales der Bussola, der Drei und der Zehn, liegt auch ein schmaler kleiner Korridor und an demselben eine zugeriegelte kleine Tür, die die zu den Gefängnissen hinabführende Treppe schließt. Mit Hilfe dieser Treppe wurden die in den »Pozzis« gefangen Sitzenden von aller Welt unbemerkt vor den Rat der Drei oder Zehn geführt und empfingen ihr Urteil. Später befanden sich die Gefangenen seltener in den »Pozzis«, auch nicht in den »Bleikammern«, die nach *oben* zu, unterm Dach, dieselben Schrecknisse boten wie die Pozzis nach *unten* zu, in den Kellergewölben, sondern sie waren in dem verhältnismäßig neuen Gefängnisbau untergebracht, der sich, Newgate-artig, an der *andern* Seite jenes schmalen Kanals erhebt, der die Rückseite des Dogenpalastes begrenzt. Wurden die Gefangenen von diesem neuen Gefängnis aus vor ihre Richter geführt, so mußten sie nun die Seufzerbrücke, Ponte dei Sospiri, passieren, die den schmalen Kanal etwa in Höhe des zweiten Stockes überbrückt. Schaut man aus dem Fenster des Saales der »vier Türen« hinaus, so hat man die Seufzerbrücke, ein wenig nach rechts hin, dicht unter sich. Die ganze Lokalität: Bussola, Saal der Drei, der Korridor mit der verschlossenen Tür und die Seufzerbrücke, ruft sehr ähnliche Empfindungen wach wie Traitors Gate im Tower. Doch sind die Eindrücke im Tower stärker. Diesem Venezianischen haftet doch, bei hundert Vorzügen, die meist nach der Seite des Phantastischen und Schönheitlichen hin liegen, etwas relativ Kleines an. Man fühlt die *Stadt* statt des *Staates* heraus.

Aus dem *Dogenpalast*, nach 4stündigem Durchstöbern, in das Café Orientale an der Riva. – Um 4 Uhr mit Novilles und Schwechten (der am Abend vorher mit seinem Freunde, dem Bankier Königs, angelangt war) nach dem Lido. Hübsche Fahrt, hübscher Blick aufs Adriatische Meer; sonst eigentlich langweilig. Um 6 zurück. Von 6–7 Gondelfahrt auf dem Canal grande. Um 7 ½ ins Restaurant Bauer. Um 9 mit Novilles auf den Marcusplatz. Um 10 mit Schwechten »zu Biere«.

Freitag d. 9. Oktober. Fünfter und letzter Tag in Venedig.

Mit Novilles, Schwechten und Königs auf dem Marcusplatz bei
Quadri gefrühstückt. – Dann mit Emilie Kanalfahrt nach der
Scuola San Rocco, die in einer unteren und oberen Halle, ebenso
an den Treppenwänden hin mit Tableaux venezianischer Meister, namentlich wieder *Tintorettos*, gepflastert ist. Letztrer do-
miniert hier durchaus; noch viel mehr als im Dogenpalast. Auch
hier ließ er mich kalt. Im obren Stockwerk, neben der großen
Halle, befindet sich sein berühmtestes Bild, die »Kreuzigung«.
Es ist groß, figurenreich, voll Bewegung, Leben, Handlung, einige Gruppen sind nicht ohne Interesse; dem Christuskopf ist
eine Liebe und ein Fleiß zugewendet, der sich in den wenigsten
seiner Arbeiten findet. Dennoch ist dieser Christuskopf nur relativ anzuerkennen, während die Frauengestalten unterm Kreuz
vollends wieder in Trivialität und Zerrbildlichkeit versinken. –
Von Scuola San Rocco zum dritten und letzten Mal in die Akademie. Alle Hauptstücke nochmals ernsthaft gemustert. Außer
der »Assunta«, die mich auch diesmal wieder ergriff, finden sich
in Saal XV und XVI eine Menge sehr ausgezeichneter Sachen vor.
Man kann hier die venezianische Schule studieren und lernt
außer den bekannten drei Nummern: Tizian, P. Veronese und
Tintoretto ein ganzes Dutzend andrer Größen kennen, unter denen viele sind, die sich neben P. Veronese behaupten und den
Tintoretto übertreffen.

[...]

Aus der »Akademie« ins Hotel zurück. Rechnung bezahlt. Billig; nur 80 Francs. Frühstück im Restaurant; dann, in entzückender Gondelfahrt, bis zum Bahnhof. Abfahrt 2 Uhr 35. Über Padua, Rovigno, Ferrara (lag da wie Weimar), Bologna, Pistoja nach
Florenz. Ankunft in Florenz 11 Uhr abends.

Sonnabend d. 10. Oktober. Erster Tag in Florenz.

Am Freitagabend in Casa Nardini, Borgo Santi Apostoli, abgestiegen. Großes Zimmer nebst Cabinet, für 4 Francs täglich. Alles gut und geräumig; die Leute prompt und freundlich. – Poste restante Briefe von George und Mete empfangen; in diesen Briefen leider auch die Nachricht von dem plötzlichen Tode unsres guten Fournier. – Den Vormittag über Briefe geschrieben und ein dickes Konvolut (zwei Briefe an den Chevalier, 1 an Hertz, 1 an die Kinder) zur Post gegeben. – Erster Gang auf die Piazza della Signoria; den Palazzo vecchio und die Loggia dei Lanzi aufrichtig bewundert. Als *Bauwerk* namentlich den erstren. Er rührt von (Arnolfo di Cambio) her, der auch den Dom zu bauen begann. Er muß ein Genie ersten Ranges gewesen sein.

Dann in die Trattoria delle antiche Carozze, Ecke der (Via Por S. Maria) und von Borgo SS Apostoli. Gut und billig gegessen.

Nach Tisch flaniert. Erst durch die (Via Calzatoli) bis zum Dom und dem Baptisterium. In den Dom hinein. Dann durch die (Via de servi) bis zur Chiesa Santa Annunziata; von dieser zur Kirche San Marco; ausgeruht auf einer Bank des vorgelegenen hübschen Platzes; dann durch die Via Cavour, in der sich der kostbare Palazzo Riccardi befindet, nach dem Platz am Dom und endlich nach der Piazza della Signoria zurück. Kaffe genommen; einen Guide gekauft; noch ein wenig flaniert. Blick in die Uffizien; dann nach Haus. Tee. Geplaudert, geschrieben, gelesen.

Sonntag d. 11. Oktober. Zweiter Tag in Florenz.

Um 10 auf die Piazza della Signoria; den Palazzo vecchio abermals bewundert; die Loggia dei Lanzi und ihre Skulpturen ernsthaft durchgenommen. Es sind:

Zwei Löwen am Eingang;

sechs Vestalinnen im Hintergrund (alt-griechisch);

der sterbende Ajax (griechisch);
der *Raub der Sabinerinnen;*
Herkules besiegt den Zentaur;
der *Perseus* (von Benvenuto Cellini) und
der *Raub der Polixena* (von Feddi; modern).

Alle diese Sachen sind sehr bedeutend. Der sterbende Ajax läßt mich ziemlich kalt; dagegen haben der »Raub der Sabinerinnen« und der »Perseus« einen starken Eindruck auf mich gemacht.

Von der Loggia dei Lanzi, durch das Gewirr alter Straßen hindurch, auf die entzückende Ponte vecchio zu, die in mancher Beziehung den Rialto in Schatten stellt, und dann über die Brücke fort bis zum Palazzo Pitti. Zunächst nur seine Fassade und den großen Hof in Augenschein genommen. Die Boboli-Gärten waren noch geschlossen. – Zurück nach Palazzo vecchio. Von dort aus, nach Anhören der sonntäglichen Wachparaden-Musik in den Uffizien, in die Galerie der Uffizien und daselbst gute zwei Stunden verweilt. Die Galerie ist im obersten Stockwerk, zu dem von den ersten Pfeilern des *linken* Flügels aus (vom Palazzo vecchio aus gerechnet) eine Treppe hinaufführt.

Die Hauptschätze dieser großen »*Galerie der Uffizien*« befinden sich in einem ziemlich kleinen Raum, einem überkuppelten Oktogon, das den Namen »*die Tribuna*« führt. Hier stehen zunächst fünf antike Skulpturenwerke ersten Ranges:

1. die mediceische Venus;

2. ein junger Apoll;

3. der tanzende Faun (Kopf und Arm durch Buonarotti ersetzt);

4. die Ringer;

5. der Schleifer.

Die letztgenannten beiden Skulpturen interessierten mich mehr als die ersten drei; besonders schön find ich den »Schleifer«, der übrigens sicher einen andren Namen verdient. Auch die »Ringer« sind wundervoll.

[…]

Das bedeutendste Stück, was sich hier [in der Uffizien-Galerie] noch vorfindet, ist ein abgeschlagenes Medusenhaupt von *Leonardo da Vinci*. Außerordentlich schön.

Was ich im übrigen sah, darunter eine Galerie von *Maler-Porträts,* war ziemlich intereßlos. Overbecks Porträt fiel mir durch eine unangenehme Häßlichkeit auf, in der noch mehr Beschränktheit als Askese sich aussprach. Wie ledern alle diese Köpfe, neben dem, was Tizian, Raffael, Velasquez, Van Dyck speziell auch auf *diesem* Gebiet geleistet haben.

Dann und wann traten wir aus den Zimmern auf die Korridore hinaus, die den Innenraum der Uffizien von drei Seiten her einfassen; die Fenster standen auf, und man sah nun teils auf den Palazzo vecchio in Front, teils auf den Uffizien-Hof unten, auf dem eine Militärkapelle nach wie vor musizierte und eine bunte Menschenmasse auf und ab wogte.

Um 2 zu Tisch. Um 3 nach Haus. Geschrieben. Früh zu Bett.

Montag den 12. Oktober. Dritter Tag in Florenz.

Um 12 ausgeflogen, um Santa Croce aufzusuchen, das ich mit der Chiesa del Carmine verwechselte und deshalb an ganz falscher Stelle suchte.

Am Südufer des Arno hin von Ponte alla Carraia, an Ponte Santa Trinità und Ponte vecchio vorbei, bis zur Ponte alle Gràzie, die, wegen Neubaus, unpassierbar war, weshalb wir in einem Boot (Fährgeld 5 Centesimi) übersetzten. – Nun wiederum in den alten Stadtteilen flaniert, Paläste gemustert, die alle entweder im Kastellstil des Palazzo vecchio oder in dem eigentümlichen florentinischen Riesenwürfel-Stile gebaut sind, jene vielleicht dem 14. und 15. Jahrhundert, diese dem 16. Jahrhundert angehörig, die einen noch halb gotisch, die andren – volle Renaissance. Welcher von den Renaissance-Palästen der älteste ist und nun als Muster diente, stehe dahin; ich möchte vermuten der Palazzo Strozzi in der Via Tornabuoni, dessen Bau schon 1489 begann. Diese Paläste sehen sich untereinander sehr ähnlich. Es sind in braunem oder grauem Kalkstein (so vermute ich) aufgeführte Kubusbauten, meist an der Ecke einer Straße oder ein ganzes Stadtviertel bildend bis zum ersten, immer sehr hoch gelegenen Stock hin eine mächtige Rustica, die vergitterte Parterrefenster und ein Entresol enthält; dann folgen erster und zweiter Stock meist mit großen Rundbogenfenstern. Das Dach weit vorspringend. Die Wirkung ist außerordentlich. Solidität, Vornehmheit, Schönheit der Verhältnisse; vor allem fehlt alles Kleine. Noble Einfachheit, die den Putz verschmäht. Diese Wirkung bleibt auch; aber man gibt seine Bewunderung den vielen Nachahmungen gegenüber doch insoweit auf, daß einen das Gefühl beschleicht: Die Imitierung, um die es sich schließlich doch bloß handelte, konnte nicht allzuschwer sein. In der Tat wird auch jetzt vielfach noch in demselben Stile weitergebaut.

Etwa um 3 Uhr zu Doney & Nepoti, einem feinen englischen Restaurant in der Via Tornabuoni. Bouillon, gebackene Soles, Beefsteaks und eine Flasche St. Julien; alles sehr gut; etwa 4 Tlr. bezahlt, was mit Rücksicht auf die Feinheit des Platzes nicht zu viel war. Doch beschlossen wir, andren Tags wieder mit unsrer »antica carozza« zu fahren, wo man für den vierten Teil nicht eben schlechter ißt.

Von Doney aus Santa Croce gesucht. Wieder nicht recht gefunden und zuerst bei San Lorenzo gelandet; von dort aus dann, auf Umwegen und mit Hilfe von immer wiederholten Anfragen nach dem »florentinischen Pantheon«, wie Santa Croce genannt wird.

Auf der Piazza Santa Croce steht natürlich ein Dante. Er ist viel schlechter als der in Verona. Dieser florentinische hat die Attitüde eines Generals, der, den linken Fuß energisch vorsetzend und die Rechte an den Degen legend, sich anschickt, ein Bataillon persönlich vorzuführen. So undantehaft wie möglich. Wäre nicht der Lorbeerkranz und die große Nase, so würde man ihn, infolge dieser falschen Charakterisierung, kaum erkennen.

Santa Croce, im gotisch-florentinischen Stil gebaut, worunter man sich denken kann, was man will, hat eine mit Marmormosaik überkleidete, überhaupt außerordentlich reich geschmückte Fassade. Besonders schönheitliche Eindrücke empfing ich nicht. Im Innern sind die Grabmonumente wie folgt verteilt:

1. im *linken* Seitenschiff, hart am Eingang, *Galileo Galilei*;

2. im *rechten* Seitenschiff, dem Galilei gegenüber, *Michelangelo.*

3. Ebenfalls im rechten Seitenschiff (wie auch die beiden folgenden) *Dante.*

4. *Alfieri.*

5. *Macchiavell.*

All diese fünf Denkmäler, wiewohl von den verschiedensten Künstlern herrührend, sind gedanklich sehr übereinstimmend; von Geist oder gar Genius [?] keine Spur. Ein Sarkophag, auf dem die Figur des zu Feiernden sitzt oder seine Büste steht; – daneben dann einige symbolische Gestalten: die Astronomie, die Geometrie, die Muse, die Kunst, die Geschichte, die Stadt Firenze mit der Mauerkrone. Es verlohnt sich nicht, in Details zu gehn. Wie tief steht dies alles, nicht bloß unter den Peter Vischerschen und Adam Kraftschen Arbeiten, nein, auch unter dem, wovon die Kirchen in St. Denis, Rouen, Roeskilde etc. gefüllt sind. *Alfieris* Grabmahl rührt von Canova her; diese Arbeit ist unter den fünfen die weitaus beste; die Gestalt der trauernden Firenze ist sogar gut zu nennen. Schön und würdig in Haltung und – ohne Sentimentalität. Von den Inschriften habe ich zwei notiert. Dante muß sich mit drei Worten begnügen: »Onorate l'altissimo poeta«. Bei Macchiavell heißt es: »Tanto Nomini Nullum par Elogium«.

[...]

Alles andre Gesehene – die wundervollen *Porträts* und *Statuen*, einerseits in der »Tribuna«, andrerseits in der Loggia dei Lanzi außer Betracht gelassen – war nicht derart, daß der Bestand andrer Galerien dadurch sonderlich in den Schatten gestellt würde. Die berühmten Galerien im Louvre, in Dresden, in München, die »National-Gallery« in London und die Galerien der Herzöge und Marquis' von Devonshire, Westminster, Northumberland und Hertford bestehen, in ungeschwächtem Glanze, daneben fort.

Aus der »Pitti-Galerie« in die Trattoria delle antiche Carozze an der Ecke der Santi Apostoli-Straße; gut und billig gegessen. – Flaniert. Ins Baptisterium; einer Taufe beigewohnt. Die Ghibertischen Türen genau durchstudiert. In einen Liquorista-Laden; 2 Kuchen und 3 Maraschinos für 4 Silbergroschen. – Mit dem Omnibus, an Santa Maria Novella und seinen zwei Obelisken vorbei, bis zur Porta Prato gefahren. Spaziergang bis zu »Le Cascine«, die halb Rotten Row im Hyde Park, halb unsre Hofjäger-Allee sind. Nur ist unser Tiergarten unendlich viel hübscher. Dann am Lung' Arno hin bis zur Brücke San Trinità; durch Via Tornabuoni, an der Säule mit der Statue der Gerechtigkeit vorbei, nach Haus. Tee; Uva. Geschrieben.

Mittwoch d. 14. Oktober. Fünfter und letzter Tag in Florenz.

Um 10 ausgeflogen. Flaniert. Das Innere des Palazzo vecchio gesehn, ebenso den Hofraum *des* Palastes, in dem sich jetzt das Museum nationale befindet. Nach Tornabuoni, um den Palazzo Strozzi, der mich besonders interessierte, nochmals in Augenschein zu nehmen. Der Palazzo vecchio, wie ich später – bei unsrer Rückkehr von Fiesole – wahrnahm, scheint, wenn ich recht gesehn habe, aus drei, wenigstens aus zwei verschiedenen Teilen zu bestehen: aus dem alten *kastell*artigen Bau an der Piazza delle Signoria, aus einem spätren »florentinischen Palaste« im Stile des

Palazzo Strozzi und aus einem kapellenartigen Bau, der zwischen den beiden Palästen, die Vorder- und Rückenfront bilden, steht. Hab ich hierin recht, so kann man alle Studien, die sich auf den gotischen und Renaissancestil der florentinischen Paläste bezieht, sehr gut allein schon am Palazzo vecchio machen.

Umhergesucht, um eine Diligence-Gelegenheit nach *Fiesole* zu finden. Endlich entdeckt, und zwar in einer Sackgasse an der Piazza del Duomo. Diese Fahrgelegenheit aber doch aufgegeben, weil sie erst von 4 Uhr nachmittags an (wohl des Sonnenuntergangs halber) ins Leben tritt. Bei Wital bei der von Ponte vecchio nach der Piazza della Signoria führenden Straße dejeuniert, am Domplatz eine Beschreibung Fiesoles gekauft, dabei einen wehmütigen Blick auf die eben erschienenen »Viole; Poesie de Tomaso Tomasino« geworfen, dann in einem angenehmen Gefährt nach Fiesole hinauf. Preis: 10 Francs, was ich nach der bei uns geltenden Taxe für billig ansehen muß, denn wir fuhren über ¾ Stunden hinauf, dann 1 Stunde warten, dann wieder zurück. Die Hinauffahrt ist sehr schwierig. Fiesole ist jetzt ein ziemlich verkommener Flecken (Näheres siehe das italienische Büchelchen), was ihm aber auch jetzt noch ein Interesse sichert, das ist seine uralte, ich glaube aus dem 11. Jahrhundert herrührende Kathedrale und der wundervolle Blick, den es auf den weiten Bergkessel gewährt, in dem der Arno fließt und in welchem Florenz gelegen ist. Wir waren eine Stunde zu früh oben, aber nichtsdestoweniger waren wir entzückt. Nach einzelnen Seiten hin sieht man *vierfachen,* hier und dort mit Kastells besetzten Bergkranz den Kessel einschließen. Der Überblick über die Stadt ist von den Fenstern des Palastes Pitti aus klarer und orientierender, wenn auch weniger umfassend.

[…]

Um 4 Uhr zurück, an Villen und Klostergebäuden vorbei, von denen eines (Dominikaner) ein ausgezeichnetes Bild von *Beato Angelo* (da Fiesole mutmaßlich) enthalten soll. Auch sei noch be-

merkt, daß der höchste Punkt des Berges, auf dem Fiesole gelegen ist, ein mächtiges Klostergebäude trägt.

Im Zurückfahren einen etwas andren Weg eingeschlagen, der
uns, statt nach der Porta San Gallo zur Porta Pinti führte, vor der
der protestantische Kirchhof gelegen ist. Wir ließen halten und
besuchten Herm[ann] Christian Greves Grab. Er ruht zwischen
einem Polen und einem Engländer, von denen jener eine Woche
vor, der andre eine Woche nach ihm starb. Wir nahmen einige
Buchsbaum- und Kleeblätter mit, das einzige, was ich von Grün
auf seinem Grabe fand.

Um 5 wieder am Dom-Platz. Noch einmal in den Dom, der
auch diesmal bedrückend auf uns wirkte. Zu Gilli & Letta; dann
nach Haus. Geschrieben; gepackt. Um 9 noch einmal auf den
Ponte vecchio und von da aus durch die Uffizien auf die Piazza
della Signoria, um uns alles einzuprägen und – Abschied zu nehmen. Ziemlich spät zu Bett.

Donnerstag den 15. Oktober. Reise von Florenz nach Rom.

Um 8 ½ Abreise von Florenz. Während der ersten Viertelstunde
hat man immer noch das von seinem alten Klosterbau gekrönte
Fiesole zur Seite.

Diesem Bilde entsprechend bleibt nun 8 Stunden lang die
Fahrt. Die Unterschiede sind nicht sehr erheblich. Der Apennin
läuft in hoher, kahler Kette zur Linken und stellt zwei, drei Rei-
hen von Vorbergen in seine Front. Die vordersten Berge die
niedrigsten. Auf diesen liegen die Kastelle, die Flecken, die
Städte. Ein Kastell, ein Kloster, eine Kirche krönt meistens die
Spitze, während die Ortschaften selbst mal höher, mal tiefer am
Abhang liegen und entweder in einer einfachen Schräglinie in der
Flanke des Berges oder in Terrassen in der Front desselben aufsteigen. Die Linien sind von außerordentlicher Schönheit, mitunter (namentlich gegen Abend) auch die Farben; im ganzen hat

man aber doch, ganz abgesehen von dem Verfallenen und Her-
untergekommenen, auch den Eindruck des Kahlen, Verbrann-
ten, Ungemütlichen. Es heimelt nicht an. Keinen Augenblick hab
ich die Empfindung gehabt: »hier möchtest du auch nur 24 Stunden sein«. Es ist gerade gut genug zum Vorbeifahren, zum Mit-
Nachhausenehmen von einem Dutzend Oswald Achenbachs. Je
mehr der Reisende weiß, je besser er die römische und italienische Geschichte kennt, desto entzückter und bewegter wird er
auf eine Landschaft blicken, die von 100 Schritt zu 100 Schritt
ihm wenigstens *einen* berühmten Toten herausgibt. Hier focht
Hannibal, hier fiel Flaminius, hier dichtete Properz, hier malte
Perugino, hier wurde Tacitus, hier Lucretia Borgia geboren. So
geht es endlos weiter. Ich bin der Letzte, der die Zauber verkennt,
die dadurch einer Gegend erwachsen. Aber, bei genaurer Prü-
fung, empfindet man doch immer wieder, daß es vorzugsweise
ein poetisch-geheimnisvoll über der Landschaft schwebendes
Etwas, die historische oder historisch-romantische Reminiszenz
ist, die alle die Bilder, die sich vor uns entrollen, so schön, so einzig in ihrer Art erscheinen läßt. Die Bilder *selbst* bewirken dies
nur zur kleineren Hälfte. Natur, Geschichte, Kunst unterstützen
sich einander; wer aber einfach auf das angewiesen ist, was die
Landschaftsbilder – von denen ich sagen möchte, daß sie einen
Architektur-Charakter haben – ihm bieten, der wird, wenn er einigermaßen die Welt kennt und nicht direkt aus Treuenbrietzen
nach Perugia versetzt wurde, einräumen müssen, daß es schönere, namentlich aber wohltuendere, herzerquickendere Gegen-
den gibt. Die Fahrt von Bonn bis Mainz, von Bern bis Interlaken,
von Genf bis Lausanne, von St. Germain bis St. Denis, von London bis Richmond, von Kopenhagen bis Helsingör – ist schöner,
erhebender. Das Herz geht einem mehr auf.

Die Ortschaften, die wir zu passieren hatten und von denen
wir um so klarere Bilder gewinnen konnten, als die Bahn immer
in einiger Entfernung an den hochgelegenen Städten und Flecken

vorübergeht, waren, mit Umgehung geringerer Namen, die folgenden: Arezzo, Cortona, Perugia, Assisi, Spello, Foligno, Trevi, Spoleto, Terni, Narni, Orte und Passo di Corese. Dann Rom. Assisi und Spoleto machen den bedeutendsten Eindruck; doch liegen einige der kleineren Ortschaften malerischer. Orte ist, wenn man von Rom nach dem Norden fährt, Gabelpunkt, von wo aus links (westlich) eine *zweite* Bahn abzweigt, die über Orvieto und Siena ebenfalls nach Florenz führt. – Der Trasimenische See, der 10 Stunden Umfang hat, liegt zwischen Cortona und Perugia. Er ist *sehr* schön, ganz besonders durch die 3 Inseln, die in ihm liegen. Eine, wenn ich nicht irre, trägt ein Kastell, eine andre ein Kloster, die dritte (kleinste) ist bewaldet. An einer Stelle ist die Schiebung so, daß die beiden kleineren Inseln wie ein breites mächtiges Tor wirken, durch das hindurch man die dritte, bereits ziemlich weit zurückliegende kastellgekrönte Insel wie ein in Grau gemaltes Bild erblickt. Kennt man das Terrain, so ergibt sich der Verlauf der Schlacht, der den Römern 15 000 Tote gekostet haben soll, sehr leicht. [Folgt Skizze Fontanes.] Hannibal kam von Oberitalien und überschritt den Apennin. Konsul Flaminius stand bei Arezzo. Hannibal bewerkstelligte einen Flankenmarsch, marschierte an Arezzo vorbei und nahm Stellung auf den Hügeln und Bergen zwischen a und b, will sagen zwischen Borghetto und Passignano. Beide Punkte treten dicht an den See heran und bilden ein Defilee. Flaminius, als er wahrnahm, daß Hannibal auf Rom zu ging, drängte nach. Als er (Flaminius) auf dem Terrain zwischen Borghetto und Passignano angekommen war, machte Hannibal die Mausefalle zu; von den Bergen in zwei mächtigen Kolonnen niedersteigend, schloß er das Defilee in Nord und Süd, zugleich von Norden her gegen Süden vordringend. Ein Teil der Römer schlug sich bei Passignano durch und entkam. Flaminius fiel.

Diese Partie am Trasimenischen See interessierte mich landschaftlich und historisch am meisten. Napoleon I. hat diesen See, der an den meisten Stellen ziemlich flach ist, austrocknen lassen wollen. Ein brutaler Plan. Ein Stück Geschichte und ein Stück Schönheit würde dem Lande dadurch verlorengegangen sein.

Großartig wirkt Assisi durch seine kolossalen Kloster- und Kirchenbauten, namentlich durch das *Franziskanerkloster* (*Franz von Assisi*) ziemlich am Fuße der hochansteigenden Stadt. – Spoleto ist Sitz eines Erzbischofs. – Terni und Narni sehr hübsch. – Der *Soracte* wirkt bedeutend. Es ist eine sechskuppige, *einzeln* dastehende, aber mehrere Meilen lange Bergpartie, etwa wie der Zobten, der Kyffhäuser, der Hörselberg, der Harz. Viel bedeutender als die erstgenannten drei, ist er dennoch kleiner als der letztre (der Harz). Seine Konturen sind sehr schön. Er wirkt gut, wenn man an ihm vorüberfährt, aber fast noch mehr an einer Stelle, vielleicht vier, fünf Meilen von Rom, wo man nur seine Kuppe ein vorgelegenes Plateau überragen sieht.

Unsere Hoffnungen, die Peterskuppel am Abendhimmel auftauchen zu sehn, wurden getäuscht. Es war bereits zu dunkel, und die ganz kleine Mondsichel reichte nicht aus, das Defizit an Tageslicht zu decken. Entzückend waren die großen Feuer, die über die weiten, schließlich völlig flach gewordenen Felder hin brannten; einige dicht neben der Eisenbahn. Gestalten hockten drum umher, deren Tun und Treiben wir nicht erkennen konnten.

Um 6 ½ fuhren wir in den Bahnhof ein; um 7 waren wir im Hôtel du Sud.

Emilie Fontanes Aufzeichnungen
30. September – 12. November 1874

Am 30. Sept. 8 ½ Uhr von Berlin nach Leipzig gereist, schönes Wetter, gehobene Stimmung. Alleinbesitz des Coupés. Vom Bahnhof in die Stadt, wo gerade Messe war; jeder 3te Mensch ein Jude, je mehr man aber in das Getriebe des Handel-Bereichs kam, wurde jeder zu einem Erzjuden, den man sah, solche Echtheit der Trödelerscheinung ist mir in Berlin nicht vorgekommen, da herrscht mehr der Jude als Aristokrat. Theodor zeigte mir die Stätten seiner Jugend. Neuberts Apotheke etc.; nachdem wir gut u. billig gegessen, fuhren wir nach Gohlis, wo das Haus eine Tafel hat, in dem Schiller das Lied »an die Freude« gedichtet hat. Nachdem wir Kaffee mit gutem sächsischen Kuchen *wieder billig* genossen, gingen wir nach dem Rosenthal, wo Theo oft Sonntagsmorgen seine Gedichte niedergeschrieben. Dann nahmen wir eine Droschke u. fuhren nach Schönfeld, zu unseren verehrten Lazarus', die uns mit der größten Liebenswürdigkeit empfingen u. bewirteten. Ihre Villa ist fein u. gemütlich eingerichtet. Um 11 sagten wir diesen lieben Freunden Lebewohl u. fuhren nach dem Bahnhof u. dampften um 12 Uhr gen München. Zu unserer großen Bequemlichkeit bekamen wir ein Coupé allein u. schliefen nach den Anstrengungen u. Freuden des Tages ganz prächtig. Um 4 Uhr d. 1. Okt. nachmittag erreichten wir München, u. der erste Genuß, den wir uns hier bereiteten, war eine gründliche Säuberung, denn Staub u. Hitze waren arg gewesen. Wir bekamen im Hôtel Marienbad ein sehr hübsches Zimmer u. ließen uns, da nach Papas Prinzip, »an solchen Tagen pflege ich nicht zu essen«, wir auch wirklich von morgens 9 Uhr bis abends 6 Uhr *nichts* genossen hatten, [eine Erfrischung ins Zimmer bringen]. Dann suchten wir Paul Heyse auf u. verlebten einen höchst angenehmen Abend mit ihm u. seiner Familie.

Am 2. Okt. beim Morgen-Tee erhielten wir eine sehr freundliche Einladung von Heyse zum Nachmittag. Wir machten uns nun auf die Suche der Sehenswürdigkeiten u. sahen zuerst die Basilika, wunderschön. Die Ruhmeshalle, das alte Schloß, die Frauenkirche mit dem berühmten, prachtvollen Denkmal, den Marienplatz, mit dem schönen Brunnen. Dann aßen wir bei Dell Armi, sehr gut u. billig; sahen dann die Ludwigkirche u. gingen zu Paul Heyse, tranken Kaffee mit ihm u. seiner Familie, lernten

den kleinen dreijährigen Wilfried kennen u. unterhielten uns
höchst angenehm, mußten auch feierlich versprechen, auf der
Rückreise wiederzukommen. Dann ins Hôtel zurück, 4 Karten
an: Mete, Theo, George u. Zöllners geschrieben, gepackt, Tee getrunken u. – Fahrt nach dem Bahnhof um 10 Uhr, wo wir hör-
ten, daß kein Zug ging, Abänderung seit dem 1. Okt. Wir kehrten sehr gern in unser Hôtel zurück, da wir todmüde waren u.
lieber die Nacht im Bett als auf der Eisenbahn verlebten.

Am 3t. Okt. 9 Uhr mit dem Schnellzug abgefahren; 2 Stationen
hinter München fangen die Bayrischen Alpen an; bei Kufstein
werden sie schon großartig, überhaupt von da Staunen u. Be-
wundrung, jede Sekunde ein Bild. In Innsbruck sehr gut gegessen-
sen: Suppe mit Leberknödel; eine schwedische Familie, Eltern u.
drei Töchter mit 27 Stück Gepäck, worunter wahre Riesenkof-
fer! Nun die Fahrt über den Brenner, über alle Beschreibung
schön! Durch 28 Tunnel, durch viele minutenlange Fahrt. Es begann zu regnen, in Bozen sehr stark, bis Verona, wo wir beim
schönsten Sternenhimmel um 11 Uhr anlangten. Mit einem jungen Engländer nette Konversation gemacht; mit ihm u. einem
Deutschen in das Hôtel Colomba d'oro gefahren; einfaches, aus-
reichendes Zimmer. Tee getrunken u. sehr müde zu Bett.

Am 4t. Okt. 9½ Ausgang; zuerst nach dem Amphitheater, *muß*
man sehen; in den Dom, flaniert; ein Kotelett essen wollen, wegen Knoblauch stehenlassen. Dann ganz reizende Fahrt nach
dem jardino Giusti. Fünfhundertjährige Zypressen, 120 [Fuß]
hoch! schöner Blick vom Belvedère über die Stadt. Theodor
schreibt sich ins Fremdenbuch, unmittelbar hinter Thiers! u.
Böcklin! Dann Besichtigung eines wunderschönen Tizian, Himmelfahrt der Maria. Zum Grabmal der Julia; auf dem Wege dahin
den Palast der Capulet gesehen. Beim Grabmal Thiers getroffen,
nebst 2 Damen. Einen Kranz mit einer Karte einer Mrs. Shake-

spear[e] gesehen, welche einen Nachkommen S. geheiratet u. am 4. Juni 1874 auch hier war. Nun nach dem Hôtel gefahren, Sachen gepackt, zur Eisenbahn. Um 6 Uhr mit Schnellzug abgereist; schönste Aussicht bis zum Dunkelwerden, durch Padua durch u. um 10 Ankunft in Venedig. Sogleich mit unseren Sachen in eine Gondel u. unsagbar schöne Fahrt durch den Canal grande nach dem Hôtel Bauer. Ich sperrte alle Fühlhörner meines Seins auf, aber man wird überwältigt; *denken, vorstellen* kann man sich den Eindruck, den man empfängt, nach keiner Beschreibung, nach keinem Bilde. Etwas zurechtgemacht, nachdem wir ein hübsches Zimmer im 3. Stock erhalten u. [in] der riesigen Restauration, die zum Hôtel gehört, zu Abend gegessen; wundervollen Fisch, Asia genannt, u. kostbares Bier; alle Nationen vertreten; ein Lärm, ein Lachen, ein Rauchen, ein Spucken, ein Schmutz u. dann wieder eine so anmutende Heiterkeit u. Ungeniertheit, wie ich es noch nicht erlebt. Bis hierher überall alles *billig* u. besser wie bei uns, mit Ausnahme des Knoblauch-Beefstäcks in Verona.

5. Okt. Ausgang um 10 Uhr nach dem Markusplatz! Markuskirche besucht! Flaniert; Chokolade u. Bouillon bei Florian auf der Piazza getrunken, die berühmten Tauben gefüttert. Wein u. Pfirsich gekauft; nach der Post, Paket von Decker. Wieder flaniert; immer bleibendes Entzücken. Um 6 Uhr zu table d'hôte in unserem Hôtel; gut gegessen u. getrunken. Frau u. Frl. v. Noville getroffen; mit ihnen nach dem Markusplatz, Piazetta etc. Dann bei Florian Eis u. Limonade getrunken. Um 9 die Damen nach dem Hôtel begleitet u. noch ein Birra in dem Bauer-Restaurant getrunken.

Am 6. Okt. um 9 mit Novilles gefrühstückt, Theo im Zimmer geblieben, um zu arbeiten. 2 Paläste alter Dogen besichtigt, Kirchen, in die Glashandlung v. Salviati; das Bild von Werner gesehen; verschiedene Teile desselben bereits fertig in Mosaik; die venezianischen Künstler sind so entzückt von dem Bilde, daß einer ihrer bedeutendsten, Callini, gesagt hat, seitdem er das Bild gesehen, möchte er gar nicht mehr malen. 25 Künstler in Mosaik arbeiten an dem Bilde, welches ungefähr 1½ Jahr zur Vollendung gebraucht. Von dort nach einer Perlenfabrik, sehr interessant, die Bereitung von Anfang an, als Art Kalkmasse in den Ofen schütten sehen, bis fertig in hunderterlei Formen u. Farben zum Verschicken. Auf den Rialto, Fassaden, Kirchen, eine Gondelfahrt, endlich um 6 Uhr, ohne etwas außer ein Stückchen Chokolade genossen zu haben, ins Hôtel. Bis nach 8 Uhr auf Theo gewartet, dann in unser Restaurant, um zu essen. Sehr müde zu Bett.

Am 7. Okt. mit Novilles gefrühstückt; dann ich mit ihnen verschiedene Einkäufe gemacht, in der mercheria; dann eine Gondelfahrt nach der Akademie; herrliche Bilder, hier Theo getroffen; wieder gegondelt nach dem Platz, wo die schöne Reiterstatue von Colleoni steht. Eine Glasspinnerei besichtigt, gesehen, wie die Fabrik-Mosaik angefertigt wird. Kirche dabei mit schönem alten Glasfenster. Wieder Gondelfahrt nach der piazetta; den Campanile bestiegen; 140mal sich umbiegen, immer eine Stufe; sonst sehr bequem, lehnan. Oben göttliche Aussicht; wunderbar schöner Sonnenuntergang. Nach Hause, mit Novilles table d'hôte gespeist, sehr mäßig. Etwas geruht u. nach dem Markusplatz gegangen, wo von 8–10 Musik. Das Ganze wie ein Riesen-Tanzsaal; 1 000ende von Menschen aller Länder auf u. ab promenierend, unzählige Tische u. Stühle, wo man sich niederläßt, Eis u. Früchte ißt, herrliche, weiche Luft, man ist wie berauscht. Endlich nach Haus, erst noch ein birra getrunken, Metes Perlen kaputt gemacht u. infolge davon mäßig geschlafen.

Am 8. Okt. (an Tante M[erckel] gedacht). Mit Frl. v. Noville in das Perlenmagazin; der Herr erklärte mir auch, »Metall sei zerbrechlich«, war aber doch so liebenswürdig, mir eine neue Kette zu geben, so daß ich meine 5 fr. gerettet hatte, dafür noch 2 Armbänder nahm. Nun mit Theo in den Dogenpalast, anstrengend, aber lohnend. Dann etwas gefrühstückt am Quai, wo die Dampfschiffe liegen, u. dann um 4 Uhr mit Novilles nach dem Lido; auch Herrn Baumeister Schwechten u. seinen Freund Königs aus Köln getroffen. Unterhaltung lohnender wie die Partie; da macht das Meer bei Brighton doch einen anderen Eindruck. Zurück u. noch eine Gondelfahrt im Dunkeln durch den Canale grande, um die Paläste zu sehen, dann in unser Restaurant u. gut gegessen. Auf den Markusplatz mit unseren Berlinern, Eis gegessen, geschwatzt; Theo nach 10 Uhr noch ein Birra mit den Herren.

Am 9. Oktober (an Schreiners gedacht) gepackt; mit Theo bei Quadri gefrühstückt in Gesellschaft unserer Berliner, dann Abschied genommen, die Damen fuhren nach Padua, die Herren blieben noch; per Gondel nach der Schule St. Rocca; nach der Akademie, dann über die Kettenbrücke eiligst nach Haus, im Restaurant das letzte Bier getrunken, Rechnung bezahlt u. nochmalige *letzte* Fahrt durch den Canal grande nach der Eisenbahn. Während unseres ganzen Aufenthalts das schönste Wetter, gar nicht zu heiß, nur freundliche Menschen, nirgends Überteuerung, dazu diese Natur u. Kunst – facit: Venedig kann wieder besucht werden. Um 2½ Uhr mittags fort; interessante Fahrt mit der Eisenbahn über das Meer, was wir bei der Ankunft in der Dunkelheit passiert hatten. Wir kommen durch Padua, Ferrara, Bologna. Hier mußten wir 1. Klasse fahren u. 5 fr. zu unseren Billets zulegen; sehr schöne Weintrauben in Bologna gekauft. Gegen 11 Uhr in Florenz! guter offner Wagen bringt uns nach unserem von Herrn Schwechten empfohlenen chambre garni; etwas primitiver Eindruck; Betten aber gut, dicker Mann u. dünne Frau freundlich, nach vielen Flohstichen gut geschlafen.

Am 10. Okt. ich sehr lange geschlafen, namentlich gelegen, da mein Kreuz anfängt, schwach zu werden. Briefe von der Post holen lassen, von Mete u. George. Beide zeigen uns den Tod unseres teuren Fournier an! Theo u. ich an die Kinder geschrieben, an Herrn Hertz. In unserer casa Nardini gefrühstückt u. erst um 3 Uhr ausgegangen. Ich war so äußerlich u. innerlich angegriffen, daß alle bauliche u. bildliche Schönheit wie mit einem Schleier bedeckt war. Nachdem wir etwas gegessen in dem restaurant antiche carrozze, gut u. billig, gingen wir in den Dom, der mich, vielleicht durch Weihrauchduft u. Kerzenschein, trotz seiner Höhe bedrückte; flanierten dann u. kamen in die Kirche Annunziata, die, überladen u. von Gold u. Lichterglanz strotzend, nichts weniger als erhebend auf mich wirkte. Wir waren beide worn out, fielen noch in ein Kaffehaus, botte teglio, u. nachdem wir im Dunkeln den Arno gesehen, den Brief zur Post gegeben u. durch die Uffizien gegangen, begaben wir uns todmüde u. ich etwas heimwehsick nach Hause, wo ich mich trotz der frühen Stunde, es war 7 Uhr, sogleich zu Bett legte. Theo brachte mir den Tee, schön zubereitet, an mein Bett, u. da er schon am Morgen mir ebenso liebenswürdig den Caffé serviert hatte, so nenne ich ihn vom 10. Okt. 74 meinen Pagen.

Sonntag d. 11. Okt. erst gegen 11 Uhr von Hause fort, über die Brücke, ähnlich dem Rialto, Namen weiß ich noch nicht, nach dem Palace Pitti; von dort nach dem Platz des Palace Vecchio mit der Ruhmeshalle, sehr schön Perseus von Benvenuto Cellini. Dann bei schöner Musik in dem Uffizienhof, ähnlich wie unsere Wachtparade, nach der Bildergalerie. Hier die unsterblichen Werke gesehen. Statuen: die Venus von Medici, die Ringer, der tanzende Faun, der kleine Apoll, der Schleifer usw. Bilder: Fornarina, Raffael usw., L. d. vinci: der Kopf der Medusa etc. Dann müde von allem Schönen in unser restaurant antiche carrozzi; eine Suppe, halb Reis, halb durchgeschlagene Erbsen u. viel Pfef-

fer essen *müssen*, dann anstatt Fisch, worauf ich Appetit, ein Rie-
sen-Schweinekotelett mit Schoten. Dissonanz wegen des Platzes. Nach Haus. Theo zu Bett. Zwei deutsche Damen besehen
unsere Wohnung. Früh zu Bett.

Montag d. 12. Okt. Über die Brücken, am Arno entlang, mit
einer Fähre über den Arno gefahren; zu Tisch in ein feines restaurant, dann nach Santa Croche, die Grabmäler. Beim Eintreten
links das Grabdenkmal Galileis; gegenüber Michel Angelo, dann
folgen an derselben rechten Seite Dante, Alfieri, Macchiavell.
Alfieris gefiel mir am besten (von Canova).

Nach Hause. Erst noch Kaffee getrunken in einem deutschen
restaurant: Gilli e Letta.

Dienstag d. 13. Okt. Nach der Galerie im Palast Pitti; reich an
Porträts von Raffael, Tizian, die berühmten Madonnen etc. Beinah 4 Stunden dort geblieben. Gegessen in der Antiche carrozze;
sehr gute Makkaroni, Huhn mit Kartoffeln, Kotelett mit Schoten. Dann zum Baptisterium, die kostbaren Gherettischen [!]
Türen genau besichtigt; einer Taufe zufällig beigewohnt, einen
noch fabrikmäßigeren, nur äußerlichen Eindruck davon gehabt;
in eine neue Likörkneipe, 3 feine Schnäpse u. große Gläser, 2 gute
Stück Kuchen für 4 sgr. Mit einem Omnibus nach den Cashinen,
sehr mäßiges Vergnügen; frostig wirkend. Corsofahrt der ele-
ganten Welt, es war ersichtlich nicht die eigentliche season dafür.
Sehr interessanter Gang zurück, am Arno entlang, durch den
fashionablesten Teil Florenz'. Zu Haus; ich furchtbar erkältet;
Uva gegessen, Tee getrunken, todmüde zu Bett. Theo bleibt immer noch stundenlang auf, macht Notizen, Studien u. bringt sein
Tagebuch in Ordnung.

Mittwoch d. 14. Okt. Mich allein in einen Laden gewagt u. für
2 fr. drei Fächer gekauft, um doch auch etwas aus Florenz mit-

zubringen. Dann mit Theo flaniert, nochmal palace vecchio von
außen u. innen bewundert, den Perseus, die verschiedenen Paläste, dann ein Beefsteak gefrühstückt, auf die Diligence nach Fiesole gefahndet, Limonade getrunken, endlich einen Fiaker genommen u. nach Fiesole gefahren. Sehr interessante Fahrt mit
blühenden Rosenhecken auf dem Gemäuer, kostbarer Blick auf
Florenz, nur verleidet durch ein Heer von Bettlern. In Fiesole
Dom besichtigt; Unterkirche aus dem 12. Jahrhundert; ein kostbarer Giotto, Kopf u. Bart des alten Heiligen wunderbar; sehr
schöne Majolika-Altarbilder u. einzelne Heilige, namentlich ein
Bischof oder Papstkopf. Herrliche Fahrt zurück; ein weites, weites Tal, von dreifacher, ansteigender Hügelreihe umgeben; nach
dem protestantischen Kirchhof, um das Grab Mr. Greves, Rös-
chens Mann, aufzusuchen. Es mit Hilfe einer Art Totengräber-
Tochter gefunden; ein großer Stein, natürlich weder Blume noch
Strauch; selbst die Buchsbaum-Einfassung nur noch stellenweis
erhalten; mit Mühe einige Kleeblätter und etwas Buchsbaum mitgenommen, um es in einem Briefe an Pine zu schicken. Am Dom
den Fiaker abgelohnt; den Dom nochmals besichtigt, den be-
drückenden, seine Großartigkeit sehr vermindernden Eindruck
empfangen, dazu das beständige Dämmerlicht, ein in dunkelster
Ecke im Kerzenschein prangender Altar, Weihrauch, Geklingel,
Plärren zweier Geistlichen, Spucken, Betteln, umherlaufende
Fremde u. Einheimische, »Yes« u. »splendid« faselnde englische
Kinder, wen das fromm u. andächtig stimmen kann, dem muß das
Herz so übervoll von Gram oder Freude sein, daß er eben nichts
mehr sieht u. hört; ich war froh, als ich wieder auf freiem Platze
war u. meinen lieben, alten Himmel, blau u. klar wie in der Hei-
mat, ohne Heilige, Gekreuzigte, Himmel- und Höllenfahrt sah.
Noch ein wenig flaniert; in einer entsetzlich zugichten Kneipe
Limonade getrunken, die »Kölnische« u. »Neue fr. Presse« durch-
flogen, nichts Wichtiges gefunden, als daß Graf Arnim aus der
Hausvogtei nach dem maison de santé in Schöneberg gebracht

werden soll. Früh nach Hause, um zu packen, da es nun heißt:
Auf, morgen nach Rom, der Ewigen Stadt. Eigentlich ginge ich
nun gern wieder ein bißchen »heeme«, denn mein armer Grips
reicht nirgends aus.

Donnerstag d. 15. Oktober, um 8½ Uhr von Florenz abgereist;
frisch, wie ein Morgen in der Heimat. Die ganze Fahrt bis Rom
so landschaftlich interessant, daß man sich die Augen auskucken
möchte. Immer an den Apenninen entlang, Festen, Burgen, Klö-
ster zu Dutzenden, am Trasimenischen See entlang, berühmt
durch Hannibal, der die Schlacht dort gewann; der See hat 10 Stunden im Umkreis. Seine tiefste Tiefe ist 18 Fuß; Napoleon hat ihn
wollen trockenlegen, zum Glück nicht geschehen, würde eins
der schönsten Landschaftsbilder zerstört haben; drei Inseln darin, natürlich mit Klöstern. Wetter kostbar; Theo bei brillantem
Appetit, stürzt fast wie Chevalier bei jeder Station aus dem
Coupé, um etwas zu genießen. Endlich um 6½ Uhr in Rom! etwas Mondschein, furchtbarer Trubel, da sehr großer, langer Zug
mit vielen Deutschen; Hôtel-Fuhrwerk sehr übersichtlich, da jeder Name transparent erleuchtet. Im Omnibus des Hôtel du Sud
et de la pace eingestiegen. Angekommen, sehr elegant, Wirt u.
Wirtin geben uns den zweifelhaften Vorzug, uns für Engländer
zu halten. Zimmer mit riesiger englischer Bettstelle u. 4 Türen u.
2 Fenstern. Netter französisch sprechender Kellner aus Parma;
überhaupt von nun an in 4 Sprachen geredet. Gutes souper auf
unserem Zimmer, Theo ißt wie ein Werwolf; auch hier wieder die
Erfahrung, wenn man Kotelett bestellt, bringen sie einem rump-
steak. Sehr gut u. lange geschlafen, denn – es ist unser Hochzeitstag – der ewig blaue Himmel Italiens hat seine Schleusen
geöffnet u. läßt es regnen wie im lieben Berlin, am *Freitag d. 16.
Oktober*. Es regnet den ganzen Tag. Theo flaniert, während ich
im Hôtel mich ausruhe u. zu Ehren des Tages fein mache, etwas
umher, kommt nach 2 Stunden wenig befriedigt zurück. Wir dinie-

ren gut mit 2 liebenswürdigen Herren aus Kaiserslautern. Nachher noch ein Gang in die Stadt, nach dem Corso; alles macht nach dem Regentage einen düstern, tristen Eindruck. Unseren Tee im Hôtel getrunken.

Am 17. Oktober uns bei drückender Hitze auf Wohnungsuche gemacht; viele Steintreppen umsonst erklettert, wieder nach Haus. Ich packe, während Theo wieder wandern u. suchen geht; nach 4 Stunden kommt er zurück, fadennaß, krank, eine Wohnung gefunden. Wir siedeln über; ich habe einen furchtbaren Eindruck; wir gehen nach dem Corso, sitzen u. hören Musik; endlich zögernd gegen 9 Uhr in unser neues »Heim«. Beim Licht macht es einen etwas besseren Eindruck; zu Bett u. eine wahre Höllennacht durchlebt. *Ich* durch Flöhe u. entsetzlichen Lärm auf der Straße im höchsten Fieber der Verzweiflung, Theo ganz krank! innigste Sehnsucht nach Potsdamerstr. 134. c.[III].

Am Morgen des 18. Okt. lachender Sonntag, weinendes Herz! Theo krank, sitzt in furchtbar ungemütlicher Umgebung über seinen Korrekturbögen! ich wage ihn nicht anzusehen, weil ich immer nur an meinen Tränen zu schlucken u. Flöhe zu fangen habe. Er ist so elend, daß er nicht ausgehen kann, beschwört mich aber, eine Fahrt allein zu machen. Ich verspreche es; schleppe mich bis zur Post, aber mit dem Gefühl, als hätte ich eine Hautkrankheit, [denke ich] mit Schaudern an unsere Wohnung. Ich kehre matt u. müde zurück, bestreue Bett u. mich mit Bergen von Insektenpulver; es nutzt nichts, zu Dutzenden fange ich die Quälgeister, wie Nadelspitzen groß. Endlich Ausbruch der Verzweiflung; Alternative zwischen *mich* nach Berlin schicken oder ausziehen! Ich eile in unser Hôtel; stelle unserem zum Glück englisch sprechenden Wirt unsere Lage vor; er gibt mir ein nettes Zimmer für täglich 5 fr.; ich fliege zurück, packe; Theo *zahlt die ganze Summe* für *3 Wochen*, u. wir kehren in das Hôtel zurück.

Zwischen Freude und Leid wird Tee getrunken, sich gründlich *bereinigt* u. sehr früh in das mir ideal erscheinende Bett gekrochen.

Am Montag d. 19. Oktober. Sehr gut geschlafen; Fahrt durch die Stadt. Vom Hôtel aus zunächst an Fontane trevi vorbei nach dem Trajans-Forum; von dort durch ein Gewirr von Gassen nach dem Forum romanum; die drei Triumphbögen, das Colisseum u. die verschiedenen Reste des alten Rom oberflächlich besichtigt. Vom Colisseum aus durch eine ziemlich langweilige Gasse (woodsculptur Warrington) nach dem Lateran-Platz, die Kirche St. Giovanni u. den palace in Augenschein genommen. Von St. Giovanni nach der sehr schönen, wenn auch nur einen palastartigen Eindruck machenden Kirche Santa Maria maggiore. Von hier aus über piazza Mathei nach ponte sisto (erquickender Brunnen) u. Trastevere. Rechts einbiegend nach dem vatikanischen Stadtteil; St. Peter, Vatican, Engelsburg. Von hier über ponte st. Angelo nach dem Corso. Abgestiegen u. im Café de Roma etwas genossen. Zur Post; keinen Brief, aber Hr. Ewald getroffen. Mit ihm zum café Cavour, geplaudert u. eine Fahrt für den Nachmittag verabredet. Theo immer noch angegriffen. Ins Hôtel; etwas geruht, dann mit Hr. Ewald in einer schönen, zweispännigen Equipage an santa Maria Montorio vorbei, bis zur villa Doria Pamfili. In deren schönen Parkgärten umhergefahren. Zurück in die Birraria am Corso. Lauter Deutsche getroffen: Oberbaurat Strack, Maler Hübner, Heilbutt, Präsident v. Schoen. Angenehme Plauderei, gutes Wiener Bier, fettes, italienisches Essen. Sehr müde nach Hause.

Am *Dienstag* den *20. Oktober.* Um 9 Uhr Fahrt mit Hr. Ewald nach dem Forum romanum; das am Tage vorher flüchtig Gesehene nunmehr Nummer für Nummer durchgenommen. Via sacra u. die 3 Triumphbögen; Colliseum, Kaiserpaläste (soweit sie ohne permessi zugänglich), Basilica constantinae; Tempel der

Faustina (Kirche dahinter), Tempel des Castor und Pollux; Basilica Julia, Phocas-Säule, Tempel des Saturn, Tabularium (unten die vielen gut erhaltenen Säulen) etc. Dann die Treppe zur Rückseite des Capitols hinauf u. durch eine Schwenkung nunmehr in Front; Mittelgebäude mit Turm; daneben 2 Flügelgebäude, von denen das eine der Palast der Senatoren, das andere der Konservatoren heißt. In diesem letzteren befinden sich die kapitolinischen Sammlungen, Skulpturen u. Gemälde. Unter den Skulpturen interessierten uns hauptsächlich die zahlreichen Porträtbüsten der Architekten, Bildhauer, Maler, Komponisten u. Dichter. Unter den ausgegrabenen Bronzeskulpturen vieles sehr schön; drei Frauengestalten, so zueinander gestellt, wie gewöhnlich die Grazien dargestellt werden (vorzüglich erhalten); der Knabe, der sich den Splitter aus dem Fuß zieht; Trümmer von Pferden u. Stieren; die Wölfin, Remus u. Romulus säugend. Unter den Bildern, die sich in 2 Sälen befinden, wären zu erwähnen: eine Madonna v. Francesco Francia; Tod u. Himmelfahrt der Maria von ..., Tod der Hl. Petronella (oben von Gottvater empfangen, unten ins Grab gelegt) von Guercino. Sieg des Alexander über den Darius, von Cortona. Raub der Sabinerinnen, ganz in Rubens-Manier, von Cortona. Porträt des Velasquez, von ihm selbst.

Vom Capitol, die große Freitreppe hinunter, an blühenden Rosen u. Oleander vorüber, nach dem Corso u. Piazza Collonna. Auf der Post Briefe empfangen von: E. Zöllner, Wichmann, Johanna Treutler u. Mete. Gelesen in der Biarria; nach Haus, Briefe an Fr. Lübke, Johanna u. Mete geschrieben. Um 4 Uhr auf den Monte Pincio, um 6 Uhr zu Tisch; die Gesellschaft vom Abend vorher. Abschied von Hr. Ewald, der am andern Morgen nach Florenz reist. Nach Haus; Tee getrunken; sehr müde zu Bett; in der Nacht Gewitter.

Am Mittwoch den 21. Oktober. Theo wieder sehr unwohl. Bleibt im Bett. Ich in eine engl. Apotheke. Um 4 Uhr rappelt er sich auf zu einer Fahrt nach den Thermen des Caracalla. Unsagbar interessant; sie zu sehen verlohnt es schon einer Reise hierher. Zurück; Theo wieder zu Bett, ich zu table d'hôte, nur Engländer u. ein deutsches Ehepaar. Früh zu Bett.

Am 22. Donnerstag, Okt. Theo fühlt sich etwas wohler; schreibt einige Zeilen an Hr. Ernst u. ich einen Brief an meine liebe Chevalière [Emilie Zöllner]. Früher wie sonst an die Arbeit: nach den »Kaiserpalästen«. Wieder unbeschreiblich; am interessantesten das sehr gut erhaltene Haus der *Livia*, in zweiter Ehe Gattin des Augustus; Mutter des Tiberius aus ihrer ersten Ehe mit Tiberius dem Ollen. Auf der höchsten Aussichtsstelle Gewitterregen mit Regenbogen; prachtvolle Rundaussicht auf alle berühmten Ruinen des alten Rom. Um 2 Uhr erst fertig; zur Post, sehr netter Brief von unserem George. Dann Fahrt: am Nordostrande von Rom hin. Erst Villa Borghese u. sein weitgedehnter Park; dann zurück auf den Monte Pincio, vorüber an Villa Monte Pincio, dem Spillmannschen Lokal, Villa Medici, Akademia della Francia, bis zur Kirche oben an der Treppe des Spanischen Platzes. Dann bergauf, bergab durch die Straßen des montes Viminalis u. montes quirinalis, an Villa Ludovisi u. palazzo Barberini vorüber bis zu den Thermen des Diocletian u. der in die Trümmer derselben durch Michel Angelo eingebauten Kirche S. Maria degli Angeli. Dieselbe besichtigt; den Tod des st. Sebastian, von Dominichino, mit besonderem Interesse. (Frescobild aus dem Vatican.) Am Palaste des Quirinal vorbei über Monte cavallo bis zur Fontana trevi u. den Corso hinunter, in unsere Biarria. Dort mit Herrn Hübner geplaudert u. die nähere Bekanntschaft mit Hr. Sandvoß gemacht, Privatsekretär des Hr. v. Keudell. Nach Hause. Ich todmüde zu Bett, Theo schreibt mehrere seiner unendlichen Briefe.

d. 23. Freitag, Okt. Nach der Kirche St. Maria degli Angeli; nochmals den Domenichino bewundert. Die Termen des Titus u. das darunter liegende goldene Haus Neros. Nach dem Palast Borghese, die Bildergalerie. Sehr angegriffen nach Hause; früh zu Bett.

Sonnabend d. 24. Okt. Theo nach der Gesandtschaft u. zu Hr. Dr. Klugmann. Um 3 Uhr mit demselben nach dem Colisseum; die Substruktionen des Baues, allerhand im Schutt Vorgefundenes u. besonders die auf viele Steinquadern eingekratzten Tier- u. Menschengestalten, darunter auch Kampfesszenen, in Augenschein genommen. – Von hier nach St. Clemente. Musterstück für den Basilikastil. In der Oberkirche interessante Mosaiken in der Apsis u. sehr bemerkenswerte Fresken von dem jungen Massaccio oder seinem Meister. Christus mit den beiden Schächern u. der Maria sehr gut. In der Unterkirche, deren Säulen jetzt zwischen aufgemauerten Pfeilern stehen, sehr alte Fresken, in byzantinischer Manier; vorzugsweise Szenen aus dem Leben des heiligen Clemens darstellend. Diese jetzige Unterkirche, die einst frei zutage stand, hatte zu ihrer Zeit noch eine eigentliche Kryptkirche, die, ebenfalls noch vorhanden, jetzt eine *dritte*, alleruntere Kirche bildet, von der man jedoch nur weniges in Augenschein nehmen kann, da sie, seit der letzten Tiber-Überschwemmung, partiell unter Wasser steht. Die Kirche gehört den englischen Dominikanern, von denen jetzt 3 in St. Clemente sind. Es gibt ein dickes, in engl. Sprache geschriebenes, mit Photographien gut ausgestattetes Buch (käuflich), das die Geschichte der Kirche erzählt. – Von hier nach St. Pietro in Montorio. Etwas verfehlte Fahrt. Die Kirche dunkel u. die Freude an der schönen Aussicht durch eine schneidend kalte Tramontana sehr beeinträchtigt. – In die Birraria; durch Café u. Curassao die Lebensgeister aufgefrischt; Sieglac u. Seife gekauft, nach Hause. Tea mit blackigem Brot.

Sonntag 25. Okt. Theo gestern abend noch das Briefpaket gemacht. Mit der Eisenbahn um 9 Uhr nach Frascati; von der

Eisenbahn zu Fuß in die Stadt. Wagen genommen zu einer Fahrt
über Marino, Ariccia, Castel Gandolfo, Albano nach Genzano
u. dem Nemi-See; Preis 20 fr. Der erste Wagen hatte ein stutiges
Pferd, u. nach 2 Minuten bekam es den Koller u. wollte nicht
bergan. Wir bekamen dann einen besseren Kutscher u. Pferd. Die
ganze Partie sehr reizend u. bei einer gewissen Verwandtschaft
doch immer sehr wechselnd in den Bildern. Die glänzendsten
Partien sind: der Blick auf rocca di papa, auf den Albano u. Nemi-
See, endlich der Blick auf das Campagna-Panorama, mit Rom in
der Mitte u. einer Umkränzung von Bergen nach 3 Seiten hin,
während das Meer als ein breiter lichtbeschienener Streifen die
vierte schließt. Auf Hin- und Rückfahrt uns an frisch vom Stock
geschnittenen Trauben gelabt. In Albano Kastanien gekauft und
gegessen u. einen italienischen Opernzettel für Hr. Wichmann erstanden. Mit dem 4 Uhr 10 M. [Zug] zurück; die Campagna-
Trümmer in untergehender Sonne, brillant. Vom Bahnhof zu Fuß
in die Biarria; angenehmes Souper, wenig angenehme Gesellschaft an Maler Heilbutt u. Hübner. Um 7 Uhr heim. Tee getrunken.

Montag d. 26. Okt. mich photographieren lassen. Dann mit Theo
noch einmal in die Villa Borghese; dann in das Pantheon. *Erst das
Briefpaket zur Post*; im Pantheon das Grabmal oder vielmehr die
Grabstätte Raffaels, seine Büste ist fort u. im Vatikan. Außerdem
sind daselbst beigesetzt: Annibal Caracci, Thadeo Zucchero u.
Peruzzi. Die Kirche empfängt all ihr Licht durch eine weite Öff-
nung in der Kuppel. Diese selbst wirkt kahl, weil die Kassetten
ihres Goldblechschmuckes längst beraubt sind. Trotz alledem ist
der Eindruck bedeutend, wozu die Schönheit der Verhältnisse
nicht minder dazu beiträgt als ihre Großartigkeit. Die Nischen
u. quadratischen Einbauten, alle von geringer Tiefe, enthalten
Altäre, ich glaube 6 an der Zahl außer dem Hauptaltar. – Vom
Pantheon, gewöhnlich die Rotonda geheißen, nach der nahen

Piazza della Minerva, auf der sich ein Elefanten-getragener Obelisk erhebt. (Bernini.) Richtiger sagt man, der Obelisk wachse
dem Elefanten durch den Leib. An diesem Platze liegt die Kirche
S. Maria sopra Minerva; die einzige wirkliche gotische Kirche
Roms. Sie wirkt durch ihre prächtigen grauen Marmorpfeiler, die
ein blau koloriertes, mit Bildern u. Goldsternen geschmücktes Gewölbe tragen, außerordentlich schön. Die Hauptsachen in dieser
Kirche sind: 1. ein Christus (Marmorfigur) v. Michel Angelo u.
2. die von Philippino Lippi herrührenden Fresken in der Caraffa-
Kapelle.

Das eine dieser Bilder, und zwar das von der rechten Seiten-
wand, stellt den heiligen *Thomas* von *Aquino* dar, wie er, auf hohem Sitz, von vier weiblichen Gestalten (wahrscheinlich die Kar-
dinal-Tugenden darstellend) umgeben, die römisch-katholischen
Dogmen siegreich gegen die Häretiker verteidigt, die in Gruppen zur Linken und Rechten des Bildes stehen. Die Haupt-
gestalten dieser zwei Gruppen, darunter die beiden Führer (der
eine weißbärtig, der andre kahlköpfig) sowie ein dritter Alter,
dem man ansieht, »er war nur durch Schwäche betört und freut
sich jetzt, durch Thomas von Aquin wieder zurechtgerückt zu
werden«, sind sehr bedeutend. Ebenso bedeutend ist das andre
Bild an der Rück- und Altarwand der Kapelle. Es stellt dar, wie
Thomas von Aquin den *Caraffa*, im Momente des Weltgerichts,
der Gnade der Jungfrau empfiehlt. Es ist Unsinn, dies Bild »eine
Himmelfahrt Mariä« zu nennen. Im Gegenteil; sie fährt nicht hinauf, sondern sie steigt herab. Links neben ihr ruft der Engel, in
die Tuba blasend, zum Gericht; rechts neben ihr hält ein zweiter
Engel die Waage, auf der gewogen wird. Unmittelbarer um-
schweben sie 4 Engel, die Cymbeln und Harfen spielen, während
drei andere Engel, mit Fackeln oder Feuerschwertern, die Wolke
tragen, auf der Maria *niederschwebt*. Zu ihr hinauf strecken Bit-
tende die Hände, unter ihnen Thomas von Aquin, der für Caraffa
ein Fürwort bei der Jungfrau einlegt. Alles höchst eigentümlich;

großer Stil, ernst, erhaben, wirkungsvoll. Nicht das Modekup-
ferhafte einer späteren Epoche. Der Michel Angelosche *Christus*
unmittelbar links neben dem Altar ist sehr schön, aber doch an
Macht u. Bedeutung mit dem Moses gar nicht zu vergleichen.
Seiner ganzen Natur lag es eben näher, einen hochpotenzierten
Gewaltmenschen als einen nur in der Liebe u. Ergebung Starken
darzustellen.

Von der Piazza della Minerva um 3 nach der Birraria, Imbiß
genommen. Um 3½ nach st. pietro in vinculis; einer Basilika, deren Mittelschiff durch 20 antike dorische Marmorsäulen von den
Seitenschiffen geschieden ist. Die Sehensw[ürdigkeiten] dieser
Kirche sind: das Grabmal Julius II. (der hier übrigens *nicht* begraben wurde) und die Ketten, in denen Petrus gefangenlag.
Letztere sahen wir nicht; sie werden nur mittwochs gezeigt. Das
Grabmal J. II. ist ein figurenreicher komplizierter Bau, der in
6 Feldern den *Moses* u. über ihn das Bildnis des Papstes, links und
rechts, die Rahel u. die Lea u. über diesen 2 gleichgültige Gestalten enthält. Der *Moses* ist Michel Angelos berühmtestes Werk u.
von großartiger Wirkung im ganzen wie im einzelnen. Von sanct
pietro in vinculo durch Trümmergassen bis in die Nähe des Co-
lisseums u. von hier durch das forum romanum bis zum Septi-
mius severus-Bogen. Hier im Begriff, die Treppe zum Capitol
hinaufzusteigen, sahen wir eine engl. Familie in einem kleinen
kirchenartigen Bau am Fuß der Treppe verschwinden u. folgten
ihr. So gelangten wir ohne Wissen, Willen in die Mamertinischen
Gefängnisse oder, wie sie vielfach genannt werden, in den Car-
cer Petri et Pauli. Es sind 2 niedrige, die Größe einer kleinen
Kammer habende, übereinander liegende Felsenlöcher. An der
Stelle, wo ein Treppchen aus dem Ober- ins Untergefängnis
führt, wird der Gesichtsabdruck St. Peters in der Felsmasse gezeigt. Im Unter-Gefängnis der Steinpfosten, an den Peter u. Paul
gekettet waren; daneben der Quellbrunnen, der, der Sage nach,
damals wunderbar aufquoll.

Von hier aus treppauf auf den Hügel. Kurzer Besuch in der Kirche santa Maria in aracoeli. Basilika, alte Granitsäulen trennen die Schiffe. Hier befindet sich als Hauptsehenswürdigkeit der vielgenannte Sankt Bambino. Kurzer Aufenthalt auf dem Kapitol u. beim Palast Cafarelli. Die vorspringende Trapejische Felsecke gesehen. Müde zurück zum Corso. Kaffee getrunken in café Cavour; Geld gewechselt, Hunderttalerschein, Weißbrot-Einkäufe in via condotti, zurück u. Tee getrunken, schlecht geschlafen.

Dienstag d. 27. Okt. Zunächst nach via scrofa 70, um einen Permesso für die Katakomben von St. Calisto zu erhalten. Mit diesem permesso am forum romanum u. den Caracalla-Thermen vorüber, bis zur völlig mittelalterlichen porta sanct Sebastiano. Kurz vorher schon hatte uns der Weg an dem sogenannten Columbarium u. den Scipionengräbern vorübergeführt. Nunmehr die alte via appia innehaltend, kamen wir nach etwa 10 M. Fahrt bis zu den Calistus-Katakomben; man steigt einige Stufen zu einem Terrain empor, das den Eindruck halb eines wüst liegenden Gartens, halb einer Baustelle macht; wird bald von dem üblichen Kustoden empfangen u. steigt, als handle es sich darum, ein Bergwerk zu befahren, in die Tiefe hinab. Kellerartige Räume nehmen uns auf, die, von obenher gut ventiliert, zunächst keinen anderen Eindruck machten als überhaupt tiefliegende, in den Fels gehauene Kellerräume. Einige heißen Kapellen, andere sind Altarplätze, an denen die ersten Gottesdienste gehalten oder in deren Nähe Bischöfe u. angesehene Männer der Kirche begraben wurden. Weiter hin verengen sich die Räume, u. man tritt in ein Gewirr schmaler Gassen ein, in deren Felswände rechts u. links, kabinenartig, die langen, aber niedrigen Öffnungen zur Beisetzung der Leichen eingehauen sind. Es wirkt wie niedrige Öfen, in die man Backbretter hineinschiebt. Nachdem wir 10 M. lang in diesen schrecklichen u. innerhalb des Schrecklichen doch wieder langweiligen Gassen umhergeirrt waren, eilten wir an die Ausgänge zurück u. freuten uns, wieder Himmel u. Sonne über uns zu haben. Wir trafen eine engl. Gesellschaft, worunter eine durch Liebenswürdigkeit sich auszeichnende Blondine war, endlich mal eine nette Engländerin (lahm wie Elsy).

Weiter hinausfahrend auf der via appia, erreichten wir zunächst die Kirche st. Sebastiano. Der Leichnam des h. S. soll hier beigesetzt sein. Die 2. Kapelle zur Linken enthält unter dem Sarkophage, drin sich die Asche des H. befindet, eine *Liegende*, nach einem Modell von Bernini angefertigte Statue des H., der die Pfeile nicht fehlen. Neben dem Altar führen Treppen zu Katakomben hinunter, die nach dieser Kirche benannt werden; seit Erschließung der Calisto-K. aber kein besonderes Interesse mehr bieten.

Der Weg führt nun immer mehr in die Campagna hinaus, u. das Bild, das sich bietet, ist sehr ähnlich dem, das wir am Sonntag auf unserer Eisenbahnfahrt nach Frascati hatten. Das schöne Albanergebirge mit seinen vielgenannten Punkten vor uns, links u. rechts Gras- u. Heideland, über das sich in endlosem Wechsel Trümmer von Aquadukten, Häusern u. Türmen ziehn, während unmittelbar am Wege, mehr oder minder zerfallen, die Grabmäler aufragen, die die via appia einfaßten. Das schönste unter diesen ist das in seiner Form dem Hadrians-Grabmal verwandte Grabdenkmal der Cäcilia Metella. Dadurch, daß es im Mittelalter in den Donjon einer ausgedehnten Burganlage umgewandelt wurde u. eine Mauerkrone erhielt, hat es an malerischem Reiz nur gewonnen. Von seiner Höhe aus blickt man auf die tiefer gelegenen Trümmer hernieder, die als Circus des Maxencius bezeichnet werden u. die in ihrer Campagna-Stille, von Efeu überwachsen u. durch alte Portale unterbrochen, einen poetischen Zauber üben. Nachdem wir noch eine kurze Strecke gefahren, kehrten wir auf demselben Wege in die Stadt zurück, um in der Birraria einen Imbiß zu nehmen (bœuf à la mode). Um 3 Uhr zunächst nach der Cestius-Pyramide u. dem protestantischen Kirchhof, um daselbst die Gräber von Th. Fournier u. Wichmanns Bruder zu besuchen. Grenzenlose Konfusion der betreffenden Bücher. Endlich ohne Buch Fourniers Grab gefunden, Wichmanns nicht. Dafür die Grabdenkmäler von Goethes Sohn, Waiblinger, Maler Reinhardt u. Elsasser gesehen. Die ganze Anlage des Kirchhofs sehr schön; terrassenförmig ansteigend, die letzte Terrasse von der Stadtmauer u. ihren malerischen Turmruinen überragt, während die Cestius-Pyramide die eine Seite flankiert.

Von dem Kirchhofe (Rosen, weiße u. rote, blühten auf F. Grabe, Rosen- und Veilchenblätter für Julie mitgenommen) die via ostiensis entlang bis zur Kirche S. Paolo fuori le mura, einer der größten u. schönsten Kirchenbauten Roms. Hier ruhen die Gebeine des Apostel Paulus, wie die des Apostel Petrus in der Peterskirche ruhen. Die betreffende Anlage ist dieselbe; da, wo sich Haupt- u. Querschiff schneiden, erhebt sich ein mächtiger, säulengetragener Baldachin, unter dem ein Altar u. auf diesem ein gotisches Tabernakel oder Sakramentenhaus steht; unter dem Altar die Gruft, zu der Treppenstufen hinabführen. Die Gruft selbst durch vergoldete Türen geschlossen. S. Paolo ist eine 5schiffige Basilika; bei aller Einfachheit von großer Pracht; die 4 mächtigen Säulenreihen, die die 5 Schiffe bilden, sind von Simplon-Granit u. wirken in der Tat wie ein Säulenwald. Ein Blick vom Querschiff aus, in das ein oder andre der Seitenschiffe hinein, macht den Eindruck, als habe man eine große, selbständige Kirche vor sich. Das große Mittelschiff ist zu beiden Seiten über den Rundbögen mit Fresken aus dem Leben des S. Paulus u. unter diesen, beinah friesartig, mit den Mosaikbildern aller Päpste geschmückt. Im übrigen weist die noch ganz neue Kirche (die alte brannte nieder) wenig Detailschmuck auf. Es fehlen durchaus berühmte Bilder u. Statuen. In der Kapelle neben dem Chor wird ein schönes Renaissance-Ziborium gezeigt; auf demselben ein

Kruzifix aus dem 14. Jahrh., das durch seine Schönheit u. eine fromme Legende, die sich daran knüpft, im großen Ansehn steht. Aus dem rechten Querschiff (vom Eingang gerechnet) tritt man in den Kreuzgang des Klosters, der bei dem Brande nicht mit zerstört wurde; er ist von seltener Schönheit; zierliche phantastische Säulchen, die paarweis hintereinander stehen, tragen die kleinen Rundbögen u. erinnern in der Gesamtwirkung, die sie üben, an einzelne der Alhambrahöfe. Das Innere des Hofes ist hier in S. Paolo ein dicht bestandener Rosengarten, aus dem der uns führende Mönch mir einen Strauß pflückte.

Von S. Paolo aus direkt nach Haus. Theo rasch Toilette gemacht, um rechtzeitig zum Diner bei Ex. v. Keudell erscheinen zu können. Zugegen beim Diner: der Minister Minghetti, Graf Dönhof u. Frau (Seydewitz), Fürst Lynar u. Frau (Amerikanerin), Fr. v. Pommeresche u. Tochter, Hr. v. Klüber, Offizier aus Düsseldorf. Theo Platz zwischen Fr. v. P. u. der Fürstin Lynar. Um 10 Uhr Theo, Hr. v. Klüber, Fr. v. Pommeresche u. Tochter ins Colisseum, Mondscheinpartie, erst um 12 nach Haus.

Mittwoch d. 28. Oktober. Im Fiaker nach dem Popolo-Platz. Besuch der Kirche S. Maria del Popolo. In den Kapellen einzelnes Interessantes von Pinturicchio, der auch die Decke des Chors mit Fresken geschmückt hat. Sehr respektable Arbeiten. Näheres darüber hat Theo in seinem Notizbuch notiert. Berühmt in dieser Kirche sind noch die Grabmäler des Kardinals Girolamo Basso u. des Askanio Maria Sforza, Sohn des Herzog v. Mailand. Ein bedeutendes Renommee hat auch die Kapelle Chigi, die unter Mitwirkung Raffaels errichtet wurde. D. h. er entwarf sie; links neben dieser Kapelle erhebt sich das große Grabdenkmal einer Fürstin Chigi geb. Odescalchi, das die Bücher als eine Geschmacksverirrung bezeichnen. Wir fanden es sehr schön, trotzdem sich viel dagegen sagen läßt. Das Riesenteppich-Tuch vom schönsten rotbraunen Marmor u. der in stiller Trauer sich aufrichtende Löwe sind so meisterhaft gemacht, daß sie aller Kritik spotten.

Von S. Maria del Popolo den Corso hinauf, um uns die an demselben u. in unmittelbarer Nähe gelegenen Paläste einzuprägen. Lehrreich, aber mühsam und langweilig. Ermüdet nach Haus gegangen. Theo nach kleinem Imbiß in der Birreria in den Vatican, um die Sixtinische Kapelle durchzustudieren. Von dieser um 4 Uhr nach der Peterskirche; kostbare Musik-Vorträge von seiten der päpstlichen Sänger. Dann nach piazza colonna, um die Lokalstudien in Nähe dieses Platzes fortzusetzen. Um 6 nach Haus. Tagebuch geschrieben.

Donnerstag d. 29. Oktober. Um 8 1/2 Uhr in den Vatican. Mit den Loggien des Raffael begonnen u. die exakte Durchsicht derselben in aller Muße beendet. Dann in die Stanzen; alle 4 kursorisch durchgenommen; nur die stanza, die die Messe von Bolsena enthält, eingehender bewundert; den Rest für morgen aufgehoben. Um 11 hinauf nach S. Pietro in montorio; innerhalb der Kirche einige gute Sachen v. S. del Piombo gesehen; namentlich ein Christus an oder über der ersten Kapelle rechts. Die eigentliche Sehenswürdigkeit dieser Kirche ist il Tempietto di Bramante; ein kuppelförmiges, von Säulen umstelltes zierliches Tempelchen, das inmitten des Klosterhofes sich an der Stelle erhebt, wo der Legende nach das Kreuz des Petrus gestanden haben soll. Ferdinand der Katholische v. Spanien u. Isabella errichteten diesen Bau, der eine kleine Kapelle u. in dieser ein Quell u. Brunnenloch umschließt, das die Stelle angibt, an der das Kreuz sich erhob. Von hier aus zurück in die Stadt. Sehr mäßiges u. ziemlich kostspieliges dejeuner bei Bedau, via santa croce 81.

Von Bedau auf die Post; Brief vom Chevalier empfangen; im café Cavour mit Heiterkeit u. Freude gelesen. Dann wiederum in den Vatican, und zwar in die Sixtinische Kapelle, die Theo schon gestern durchgenommen hatte. Großartigen Eindruck empfangen von den ersten 6 Deckenbildern, die bis zum Sündenfall reichen.

Um 3 ½ in die Peterskirche; 1 ½ St. innerhalb derselben verweilt; dann auf die Piazza Colonna. Noch eine halbe St. in der Birreria, wo wir die Nachricht von Arnims Freilassung in einer italienischen Zeitung lasen; kleine Einkäufe. Nach Haus. Tagebuch.

Freitag d. 30. Okt. Sehr früh aufgestanden, um wieder so früh wie möglich in den Vatican zu gehen. Begonnen mit der Laurentius-Kapelle. Dann die Durchsicht der 4 Raffaelischen Stanzen fortgesetzt u. beendet. Um 11 Uhr nach San Onofrio u. Kloster. Draußen die 3 St. Hieronymus-Bilder von Domenichino. Dann ins Kloster; in die Tasso-Zelle, wenn ich nicht irre, jetzt Zelle N 28. Man geht einen Korridor entlang u. biegt rechtwinklig in einen zweiten, an dessen Ende, letzte Zelle, sich die Tasso-Zelle befindet. Über einer der Korridor-Türen ein Lünettenbild von Lionardo da vinci; es ist die Madonna, mit dem Besteller des Bildes, kniend vor ihr. In der Tasso-Zelle befindet sich seine Totenmaske, der Bleisarg, darin sich seine Überreste befunden hatten, ein Manuskript, ein Sessel, ein Kruzifix u. a. m. Unmittelbar hinter dem Kloster führt ein Gang durch eine Art Gemüsegarten, gewiß zum Kloster gehörig, zu einer kleinen Anhöhe, von der man einen schönen Blick auf Rom hat. Zypressen u. wilde Rosen, Lorbeer wucherten im Gestein, fast nicht mit Händen zu reichen, steht malerisch schräg die Tasso-Eiche.

Von Onofrio in die Birraria u. den Kuchenladen. Dann wieder in den Vatican. Dritter Besuch der Sixtinischen Kapelle Theodors; seine Bemerkungen darüber stehen in dem kleinen Buch.

Vom Vatican um 4 Uhr ins Hôtel. Theo macht Toilette zu einer Visite bei Hr. v. Keudell. Nach Palazzo Caffarelli. Er gibt Karten ab u. geht in St. M. Ara Coeli hinein; besichtigt den St. Bambino in seiner kleinen Kapelle. Weiterer Spaziergang, dann Visite bei Frau v. Pommeresche Via due Marcelli 102; sie war sehr

liebenswürdig, machte höchstens den Eindruck einer Amt-
mannsfrau. Gegen 9 Uhr ins Hôtel; ich schreibe den Geburts-
tagsbrief an Theo fertig, der Alte an Elsy v. Wangenheim u. Hr.
v. Klüber.

Sonnabend d. 31. Oktober. Um 8½ Uhr wieder in den Vatican.
Beinah 3 Stunden in der Pinacoteca. Theo macht Aufzeichnungen
über jedes Bild.

Um 11 nach St. Maria Maggiore: Kapelle Borghese, Kapelle
Sixtus V, Tomba di Pio nono. Fresken, Mosaiken, siehe Baedeker u. Fels. Ins Hôtel; Versuch eines lunch scheitert (weil die
eigentliche Zeit vorüber). Um 2 in den Vatican. Besuch der Sta-
tuen-Galerie. Unsagbar herrliche Schätze: Porphyr-Sarkophage,
Antinous-Statue u. Büste, Jupiter, Kaiser Nerva, bronzene Herkules, Phokion-Statue, galerie degli Animali, schlafende Ariadne,
Apollo, Eidechstöter, Diskuswerfer, Siegeswagen, Pinienapfel,
Eros (halbe Figur), Apollo in langem, frauenartigem Gewande,
vor allem: Laokoon, Apollo, Merkur, Perseus mit dem Haupte
der Medusa (letzteres modern, von Canova). Siehe die Striche im
Felsschen Buch. Um 4 in die Peterskirche. Feierlicher Gottes-
dienst in der einen schönen Marienkapelle, gegenüber der Capella dello Sacramento.

Um 5½ in die Birraria. Gut gegessen: Theo zweimal Suppe v.
Kräutern u. Fricandeau. Ins Hôtel; an Mete geschrieben; Theo
Brief an Zöllner angefangen.

Sonntag d. 1. November. Um 10 Uhr in die Peterskirche. Got-
tesdienst in derselben Kapelle; ungefähr 2 Stunden dauernd, *ohne
Predigt.* Gesang, endlich Abendmahl. Alles Zeremonie. Theo
nimmt unterdessen den ganzen St. Peter durch. Siehe das Fels-
sche Buch u. Theos Notizen über die Grabmäler der Stuarts u.
der Königin Christine. Um 1 Uhr in die Villa Farnese. Bis 3 Uhr
die berühmten Raffaelischen Deckengemälde, das Märchen von

Amor u. Psyche darstellend, durchstudiert. Dann das 2. Zimmer; Raffaels Galatea; Perruzis Deckengemälde; Poussins Landschaften, in Kohle gezeichneter großer Kopf des Michel Angelo. – Mit dem Fiaker nach der Post, Metes Brief abgegeben u. zu meiner herzerquickenden Freude Briefe von Theo, Mete, Friedel, Tilla empfangen, die ich dem »Gestrengen« im café Cavour vorlese. Auf den Monte Pincio; wundervoller Sonnenuntergang; St. Peter in rotgoldner Glut. Entzückender Corso der vornehmen Welt: schöne Frauen in schönen Equipagen.

Um 5½ nach Haus. Um 6 zur table d'hôte; höchst langweilig mit steifen Engländern. Um 7½ nach Fontane Trevi u. jeder von uns dreimal aus dem Brunnen getrunken. Ins Hôtel; gepackt.

Montag d. 2. November. Um 10 Uhr Rom verlassen! u. nach Neapel gereist. Wieder entzückende Fahrt; verhältnismäßiges Ausruhn, eine 7stündige Eisenbahnfahrt; nur leider wieder – gehungert. Im Hôtel W…-Omnibus mit einem netten Berliner Ehepaar gefahren u. später mit ihnen bei der table d'hôte uns angefreundet. Theo bleibt noch im Lesesalon, u. ich mache wieder eine – entsetzliche Entdeckung. Schlafe, nachdem ich die verschiedensten Reinigungen, frische Wäsche, Insektenpulver angewendet, wieder gut, erlebe aber im Traum wieder Ekelerregendes.

Dienstag d. 3. November. Sehr früh erwacht u. meines lieben Geburtstagskindes [Theo] aufs herzlichste gedacht. Um 6½ Uhr aufgestanden u. die Sonne über dem Vesuv aufgehen sehen. Um 8 Uhr Frühstück; weniger gut alles wie im Hôtel du Sud in Rom. Theo schriftstellert den ganzen Tag an einem Brief für die Chevaliers [Zöllners]; ich bessere aus, reinige meine Sachen, lese, schlafe, schreibe Tagebuch u. bewundere alle 5 Minuten die allerdings ideale Aussicht aus unserem Fenster; vor uns das sonnenbeglänzte Meer mit Capri, zur Linken den Vesuv! Beim schön-

sten Wetter, lauer, wohltuender Luft, nur leider mit – knur-
rendem Magen! Um 5 Uhr ein Stündchen flaniert, es war aber bereits zu dunkel, um einen klaren Einblick zu empfangen. Um
6 Uhr zur table d'hôte. Das Berliner Ehepaar stellt sich uns als
Baurat Schwatlo vor; zugleich mit Bankier Hauk u. Sohn aus
Frankfurt a/M. Angenehme Plauderei. Später mit den Herrschaften nach dem café. ..., vorher am Quai Austern gegessen, ich
nicht.

Mittwoch d. 4. November. Um 8 Uhr gefrühstückt, um 9 mit den
Herrschaften nach Pompeji. Über alle Vorstellung interessant;
namentlich auch die neuen Ausgrabungen, so wie die versteiner-
ten Mumien. Sehr angreifende Partie. Todmüde um 5 Uhr wieder nach Neapel per Eisenbahn (1 Stunde), wie am Morgen,
zurück. Gegessen; nach dem Diner mit S. in ein Café. Von Lucae, Böttcher etc. gesprochen. Todmüde zu Bett.

Donnerstag d. 5. November. In glühender Hitze, nach dem Toledo, zum Buchhändler Hoepli gefahren; Hr. Ernst Sohn noch
nicht angekommen. Pläne u. Buch gekauft. Sehr interessanter
Gang durch den ganzen Toledo, das Treiben u. Leben, die Wirkung der Nebenstraßen, einzig in seiner Art. Zurück per Droschke
in ein Café; Theo entdeckt, daß ihm seine Geldtasche gestohlen
ist. Nach dem Quai, in die Austern-Restauration, Frühstück mit
unseren neuen Bekannten. Dann nach der Schwefelquelle; nachdem wir getrunken, von einer Horde kleiner zerlumpter Neapolitaner, bettelnd, schreiend, Rad schlagend, weinend, uns
umschwirrend wie die Fliegen, nach dem Hôtel eskortiert. Spaziergang nach der Villa u. ins Aquarium, 2 Stunden uns hier auf-
gehalten, man konnte sich nicht sattsehen. Herrliches, warmes
Wetter. Fast ohnmächtig vor Hunger zu Tisch. Plauderei nach
Tisch über Fr. v. L., die eine Jugendfreundin der Fr. Baurätin ist;
sie ist 40 Jahr, unsere Gnädige. Die Verhältnisse im Prince Smidt

Haus etc. Die Herren gehen noch flanieren. Frau S. fragt Fr. v. L.: Sind denn deine Erwartungen von der Ehe oder dgl. erfüllt, worauf sie antwortet: er ist die Antwort mir auf jede Frage.

Freitag d. 6. November. Mit den beiden Hr. Hauks u. S. per Dampfboot nach der Blauen Grotte. Ziemlich unruhige See; um 9 Abfahrt, um 12 Uhr da, in ein Boot mit Theo u. dem jungen Hr. Hauk; 2 kleine Fischerjungen lotsen uns in die wunderbare Grotte; ein alter Mann schwimmt für 1 fr. u. erscheint im Wasser wie ein Riesen-Silberfrosch. Wieder aufs Dampfschiff u. hinauf nach Capri. Beschwerlicher steiler Weg bei brennender Sonnenhitze; oben in der Künstlerkneipe wunderbar schön! Sehr gut gefrühstückt in dem Zimmer, wo die Maler Türen, Wände etc. aufs reizendste bemalt, allerhand Teller u. Tassen an den Wänden, mit Black gezeichnet. Schönen Capri getrunken, Abschied von Hauks genommen, die auf Capri bleiben, u. eiligst hinuntergestiegen, um mit dem Dampfschiff nach Sorrent zu fahren. Noch nicht unten angelangt, sehen wir es vor unseren Augen abdampfen. Sachen, Nachtzeug etc. alles mit. Wir verfassen ein Telegramm an unseren Wirt, die Effekten nach Salerno zu schicken, u. nehmen ein Boot mit 4 Ruderern, welche versprechen, uns in 2½ Stunden nach Sorrent zu fahren. Ich steige schweren Herzens mit ein; die See ruhig, die Sonne prachtvoll untergehend, Capri hinter, Sorrent vor uns, das schöne, großartige Meer, Hr. u. Frau? mit wohlklingenden Stimmen singen »O seh ich auf der Heide dort« u. »Ich wollt, all meine Lieb ergösse sich« u., zu Ehren des Entdeckers der Blauen Grotte, Kopischs »Als Noah aus dem Kasten kam«; es war alles unsagbar schön. Aber die Sonne schwand, u. es wurde kalt u. zu kalt ohne Plaids u. Decken, u. so langten wir im Finstern in Sorrent an; unsere Ruderer, die uns unterwegs mit ihrem, wenn es rasch gehen sollte, »aller« u. »Maccaroni« Rufen amüsiert hatten, geleiteten uns mit Hilfe einer Laterne in das Hôtel »Tramontana«, wo wir ein fürstliches Zimmer erhielten, Theo sich aber schleunigst, da er heftig erkältet war, ins Bett begeben mußte. Eine schlimme Nacht; früh morgens allerhand aus der Apotheke geholt. Theo bleibt im Bett liegen.

Am Sonnabend d. 7. Nov. Ich frühstücke mit L., u. wir gehen dann Einkäufe machen, seidene Bänder u. reizende Holzsachen. Dann machen wir 3 eine entzückende Fahrt u. kommen gegen 1 Uhr zum Frühstück wieder; Theo hat sich unterdessen aufgerappelt, ist aber noch recht elend. Abschied von der netten englischen Wirtin, die uns mit Nachtzeug etc. aus der Verlegenheit geholfen, u. in einem bequemen Wagen fast die entzückendste Fahrt meines Lebens gemacht. Diese Fahrt ging zunächst durch die Ausläufer von Sorrent, worunter auch das Städtchen Meta, bis auf die Höhe eines Vorsprungs u. sieht nun immer den Rand der hier das Ufer bildenden Felsmassen, so daß wir nach rechts höher gelegene Berge, mit Dörfern u. Villen, nach links das Meer u. den Blick auf Sorrent, Capri u., wenn ich nicht irre, auch auf Ischia hatten. So erreichten wir castel-à-mare, von wo aus der Weg rechts einbiegend uns durch die vulkanischen Gebirgsketten führte, die das ganze Terrain zwischen Castel a mare u. Salerno ausfüllen. Letzteres erreichten wir nach Passierung kleinerer u. größerer Ortschaften gegen 6 Uhr abends u. nahmen Quartier im Hôtel Victoria. Nach eingenommener Mahlzeit u. Entwerfung eines Schlachtplans für den nächsten Tag gingen wir zu Bette.

Sonntag d. 8. November. Früh auf; gemeinschaftliches Frühstück u. Wettfahrt in 2 leichten Droschken nach der Eisenbahn; bis Battipaglia, hier unseren Wagen von gestern gefunden u. in einiger innerer Aufregung nach Paestum gefahren, eine staubige, windige Fahrt, aber landschaftlich interessant. Büffelherden begegnen uns, aber gottlob keine Briganten. Allerdings reitet eine Patrouille von 3 Ulanen mal vor, mal hinter uns her. Paestum

sehr großartig, namentlich der Neptunstempel; durch Farbe u.
Lage vor der sog. Basilika u. dem Cerestempel ausgezeichnet; namentlich auch durch die entzückenden Durchblicke zwischen
seinen Säulen. Ein höchst gelungenes Frühstück auf den Stufen
des Neptuntempels zu uns genommen, welches der Wirt in Salerno uns eingepackt. Um 3 Uhr Rückfahrt nach Battipaglia u.
per Eisenbahn über Castel-a-mare – Pompeji u. Portici zurück,
todmüde, Theo noch unwohl, aber durch die ganze Expedition
doch sehr befriedigt.

Montag d. 9. November. Theo ruht sich aus, und ich gehe mit S.
ins Museum, wo mich die Ausgrabungen von Pompeji aufs lebhafteste interessieren. Um 1½ nach dem Hôtel, leider keinen Brief
von den Kindern. Fahrt mit S. nach Sankt Martino; schöne Aussicht über Neapel u. Hafen, sehr kalter Wind. Besichtigung von
Kloster u. Kirche, ich bin sick of it. Rückfahrt, einige Einkäufe,
zur table d'hôte ins Hôtel. Abendgeplauder im Salon über Mord
u. Todesstrafe; da ich weder Interesse noch Geschmack daran
fand, ziehe [ich] mich zurück u. schreibe Tagebuch.

Dienstag d. 10. November. Früh auf; ich schreibe an Mete u.
Theo. Theo sen. krank im Bett; will die beabsichtigte Partie mit
S. nach Bajä u. dem Posilipp nicht mitmachen. Während ich unten im Speisesaal frühstücke, läßt er sich durch den Baurat um-
stimmen; wir fahren um 9½ Uhr beim schönsten Sonnenschein
vom Hôtel fort. Wir fahren bis Pozzuoli; begeben uns mit einem
Führer nach dem Solfatara, eine Art Krater, aus dem ganz anständiger Schwefeldampf hervorquillt u. viele unzählige Dampf-
wölkchen in seiner nächsten Nähe. Der Boden ist hohl, was uns
durch einen fleißigen Italiener, der einen Stein erhebt u. nieder-
wirft, mehrfach bewiesen wird. Zurückkehrend u. ein wenig wei-
terfahrend, finden wir das Amphitheater, welches größer ist als
das in Pompeji u. Verona; hier wurden der heilg. St. Januarius u.

andere Märtyrer von wilden Tieren verschlungen; merkwürdig erhalten in seinem Unterbau u. die Verwendung der Ziegeln dazu.

Wieder in den Wagen u. nach dem Serapis-Tempel gefahren, welcher 1759 entdeckt u. ausgegraben wurde. Dieser Tempel ist nach u. nach unter den Meeresspiegel versunken. Die Statuen, die man vorfand, befinden sich im Museum zu Neapel. Er scheint dem Jupiter geweiht gewesen zu sein, zu gleicher Zeit ein Pantheon u. Bäder in sich vereinigt zu haben; in diesem höchst interessanten Ruinenkomplex stahl ich mir ein großes Stück Marmor. Von hier fuhren wir nach Baja, frühstückten auf einer hochgelegenen Veranda mit entzückender Aussicht u. wurden zum ersten Mal geprellt, d. h. eigentlich nur S. ..., da Theo *gar nicht* u. ich 1 Dtz. Austern für 1 fr. zu mir nehme. Überhaupt wurde uns aber der ganze Ort durch die unverschämteste Bettelei verleidet, so daß selbst mein Alter seine himmlische Ruhe verlor. In einer alten Grotte tanzten drei alte Weiber die Tarantella, was wenig poetisch aussah u. die Grazie nicht vertreten war, dafür kosteten aber auch 2 Minuten 1 fr., womit sie aber keineswegs zufriedengestellt waren. In derselben Grotte war auch ein merkwürdiges Echo. Von Bettlern jedes Alters förmlich belagert u. angefallen, traten wir schleunigst mit unserem Wagen den Rückweg an; fuhren nun nicht wie auf der Hinfahrt meist am Meere entlang, sondern landeinwärts u. kamen durch den merkwürdigen Posilipp, ein Felsen-Durchbruch von beträchtlicher Länge, mit Gasbeleuchtung u. so breit, daß 2 Wagen u. Fußgänger bequem durchkommen. Dicht dabei, nachdem man das Dorf Posilipp durchfahren, ersteigt man eine Anhöhe u. wird in das Columbarium des Virgil geführt, in dem er nebst Familie ruhen soll. Die authentische Grabtafel soll sich im Museum befinden. Um 5 Uhr treffen wir im Hôtel ein u. finden einen Brief von Mete u. dem jungen Herrn Ernst. Theo ißt Arraroût u. etwas Hammel auf dem Zimmer; schreibt an Zöllner u. Mete. Früh ins Bett.

Mittwoch d. 11. November. Nach dem Frühstück im Salle gehe ich zu Giorgio Sommer u. kaufe 1 Dtz. Photographien à 5 fr. Theo ins Museum. Es regnet u. stürmt; die Aussicht auf das wogende Meer entzückend. Kurzen Gang mit Frau S., es regnet, u. wir werden sehr naß. Es stürmt so, daß ich nicht mit zur table d'hôte gehen kann. Theo einiges über das Museum gelesen; geht zum diner u. plaudert Längeres im Salon mit dem Baurat.

Donnerstag d. 12. November. Um 10 ½ Uhr ins Museum nationale. Die Pinakotheka u. die Bronzen aus Pompeji bewundert. Dann in die Birraria, gefrühstückt. Von hier aus zunächst in die Capella St. Severa, um die daselbst durch ihre meisterhafte Technik ausgezeichneten Skulpturen in Augenschein zu nehmen. Drei derselben, eine in feinste Schleier gehüllte weibliche Figur, ein unter einem Linnentuch ruhender toter Christus u. eine männliche Figur, die sich aus dicken Netzen befreit, sind, wie man auch über den künstlerischen Wert dieser Dinge denken mag, in bezug auf *Arbeit* Werke ersten Ranges. Von St. Severo in den Dom, dessen Fassade wenig verspricht u. günstigenfalls mehr eigentümlich als schön ist. Im Inneren wirkt der [Dom] durch Dimensionen, Farbentönung, Licht u. Reichtum sehr günstig, so daß man über ein gewisses Stil-Sammelsurium gern hinwegsieht. Die Chornische u. die große Kapelle des heil. Januarius (in der sich auch das Blut des Heiligen befindet) sind mit Fresken Domenichinos reich geschmückt. Die Komposition in der Kuppel der letztgenannten Kapelle scheint bedeutend, doch hat weder sie noch die anderen Fresken den Domenichino-*Ton*.

Alles ist heller, blasser u. wirkt deshalb minder bedeutend als z. B. sein St. Sebastian in St. M. degli Angeli zu Rom. Von dieser Kapelle aus begaben wir uns zunächst in die Kryptkirche unter dem Chor, wo sich neben höchst interessanten heidnischen Basreliefs aus Pozzuoli eine ausgezeichnete Statue Michel Angelos befindet, den betenden Caraffa darstellend. Außerdem befindet sich hier eine vergoldete Silberbüste des heilg. Januarius u. als Reliquie ein in einem Glaszylinder aufbewahrter Finger ebendieses Heiligen. In die Oberkirche zurückgekehrt, wurden wir noch in die einen Anbau bildende Kapelle der Santa Restituta geführt, die neben Granitsäulen aus der römisch-griechischen Zeit in ihrer Altarnische namentlich auch ein sehr interessantes Mosaikbild, angeblich aus dem 13. Jahrhundert, aufweist. Es stellte Maria mit dem Kinde dar, die zur Linken den heilg. Januarius, zur Rechten die heil. Restituta hat. Der Ausdruck der Köpfe ist viel feiner u. charakteristischer u. die Haltung der Figuren minder steif als auf den sonst verwandten, alten Mosaiken der Markuskirche in Venedig.

Vom Dom per Droschke ins Hôtel, Theo zu Bett, ich Tagebuch geschrieben.

Ein letzter Tag in Italien

Es ging wieder heim. Der »ewig blaue Himmel Italiens« lag unverändert über der Landschaft, aber diese Landschaft selber lag im Schnee. Eine tiefe Sehnsucht nach Teppich und Doppelfenster fröstelte mir durchs Herz, und die Aussicht auf einen Ruhetag in Florenz, der die Rückkehr in geordnete, namentlich aber in angenehm temperierte Zustände auf abermals vierundzwanzig Stunden hinausrückte, erfüllte mich mit so wenig Freude wie möglich. Und doch war an diesem Programm nichts zu ändern, schon deshalb nicht, weil auf dem Hinwege zwei große Florentiner Sehenswürdigkeiten leichtsinnig versäumt worden waren: die Mediceer-Kapelle in San Lorenzo und die Kirche Santa Maria Novella. Man braucht nicht alles zu sehen, aber gewisse Nummern sind unerläßlich. Im übrigen sei hier die alte Weisheits- und Reiseregel wiederholt: »Schiebe nichts auf.« Man muß sehr jung oder sehr gewissenhaft sein, um auf der Rückreise noch sehlustige Augen zu haben.

Der Zug hatte, trotz Glatteis, seine Zeit gehalten, und um 6 Uhr fuhren wir in den halb dunklen und beinah menschenleeren Bahnhof ein. Casa Nardini, die uns sechs Wochen vorher einfach, aber gut beherbergt hatte, war besetzt, und die Pension Suisse nahm uns statt ihrer auf, ein in allerbester Gegend gelegenes Hotel garni, das neben den Vorzügen dieser seiner Lage (in Via Tornabuoni, dem Palazzo Strozzi fast gegenüber) nur einen kleinen struwwelpeterhaften Oberkellner aus Altenburg und einen beständig unter Absinth stehenden Portier aufzuweisen hatte. Wir absolvierten rasch die übliche Gasthausunterhaltung, scho-

ben uns todmüde unter die kümmerlichen, kaum für Sommer-
verhältnisse ausreichenden Decken und standen am anderen
Morgen, mehr durch eine frisch gehende Brise als durch unsern
sehr unkompletten »thé complet« erquickt, in der Haustür des
Hotels, um unsere Wanderschaft anzutreten. Zunächst nach der
Mediceer-Kapelle.

La Cappella Medicea, die einen Anbau der San-Lorenzo-Kir-
che bildet, gehört zu jenen Sehenswürdigkeiten, die selbst in
guten Reisehandbüchern nicht immer mit wünschenswerter Klarheit behandelt werden. Einzelne dieser Beschreibungen unterlas-
sen es, als allerwichtigsten Punkt in den Vordergrund zu stellen,
daß es *zwei*, übrigens verhältnismäßig nahe beieinander gelegene,
Kapellen gibt und daß man aus ebendiesem Grunde zwischen
einer großen und einer kleinen Cappella Medicea zu *unterscheiden* hat. Jene, die »Große Kapelle«, ist ein sechs- oder achtecki-
ger, mit dem kostbarsten Gestein, mit Jaspis, Achat und dunklen
Marmorplatten bekleideter Kuppelbau, der immerhin an das römische Pantheon erinnern darf; diese, die »Kleine Kapelle«, entbehrt dieses unmittelbar Imponierenden durchaus und ist vorzugsweise durch eine Anzahl Skulpturen Michelangelos berühmt
geworden. Ebendieser ist auch der Erbauer der Kapelle selbst.
Der Menschen Liebe und Bewunderung ist von jeher dieser letzteren zugefallen – neben ihren Bildwerken auch ihrer *Architektur* –, und während der große Kuppelbau sich Mal auf Mal mit
dem Zugeständnis einer »plumpen Pracht« hat begnügen müssen,
richtete selbst ein so ruhiger Beurteiler wie Jakob Burckhardt
Worte unbedingter Anerkennung an die »*Kleine* Kapelle«. »Sie
ist«, so etwa schrieb er, »ein leichtes, herrliches Gebäude, welches
das Prinzip der Brunelleschischen Sakristeien auf das geistvoll-
ste erweitert und erhöht. Es ist nicht bloß die reinere und voll-
ständigere Handhabung einer untern und obern Pilasterord-
nung, was hier den ganzen Fortschritt des 16. Jahrhunderts im
Verhältnis zum 15. klarmacht, sondern vor allem ein höheres Ge-

fühl der Verhältnisse.« Soweit Burckhardt. Dies zu bestreiten
kann mir nicht in den Sinn kommen; nur einer entgegenstehen-
den *Empfindung* – entgegenstehend insoweit, als sie für die
»plumpe Pracht« des rivalisierenden Kuppelbaues unwillkürlich
eintritt – möchte ich an dieser Stelle Ausdruck geben. Die
»Große Kapelle« nämlich ruft neben dem Eindruck des Ernst-
Feierlichen, den sie in erster Reihe macht, doch zugleich auch ein
gewisses *Behagen* hervor, das seine Ursache in den satten Farben,
in wohliger Wärme und in einem Gefühl des Geborgenseins hat,
während man in der *durchweg,* also in Wänden, Pfeilern und
Skulpturen gleichmäßig marmorweiß und marmorkalt gehalte-
nen »Kleinen Kapelle« nur jenes fröstelnde Unbehagen empfindet, mit dem man an Novembertagen in unseren norddeutschen
kahlen Leichenhallen zu stehen und die Worte, die sich an den
Toten richten, bang zu zählen, auch wohl dem Gedanken: »*Ihm*
ist wohl, *er* friert nicht« flüchtig Raum zu geben pflegt. Wenn es
nun auch freilich zweifellos ist, daß Architekturfragen nicht von
den jeweiligen Temperaturgraden abhängig gemacht werden sollen, so möchte ich doch vermuten, daß die »Kleine Kapelle« mich
auch bei Junihitze kalt gelassen haben würde. In ihrer Farblosig-
keit mehr oder minder nüchtern, in ihren Verhältnissen, schön
wie dieselben sein mögen, doch immerhin nicht überwältigend,
tritt sie in allem, was unmittelbaren Eindruck auf unsere Sinne
oder sage ich lieber auf die Sinne eines *Laien* angeht, hinter die
große Kuppel-Kapelle zurück. Erst eine eingehendere, ernst-
liebevolle Beschäftigung mit ihrem wunderbaren Detail, das im
übrigen unfähig bleibt, die voraufgegangene erkältende Wirkung
völlig wieder auszulöschen, führt uns zu der Erkenntnis ihrer
Schönheit und Bedeutung und auf dem Wege der Erkenntnis
auch schließlich zu dem *Gefühl* davon. Zu diesem Gefühl aber
soll man großen Erscheinungen der Kunst gegenüber, wenn immer möglich, *unmittelbar* kommen. – In Beschreibungen tret ich
nicht ein. Die bereits mehrerwähnten Skulpturen: die Gestalten

von Tag und Nacht, von Morgen- und Abenddämmerung, die sich zu Füßen zweier Mediceer-Figuren, der Herzöge von Nemours und Urbino, gruppieren, sind zu oft in Prosa und auch in Versen verherrlicht worden, als daß ich es nicht vorziehen sollte, den Leser ohne Aufenthalt von San Lorenzo nach Santa Maria Novella, einer durch zierliche Schönheit ausgezeichneten Kirche, zu führen. Michelangelo nannte sie »seine Braut«, ein Wort, das ähnlich bekannt geworden ist wie das noch schmeichelhaftere und berühmtere über die Ghibertischen Türen: »sie seien würdig, die Pforten des Paradieses zu sein«.

Santa Maria Novella war bald erreicht; die Entfernungen in Florenz sind nur kurz. Hunderte strömten über den Vorplatz der Kirche zu, in welcher irgendeine Feier begangen wurde. Auch die Bettler am Eingang hatten einen Festtag heut, denn die Italiener (beispielsweise im Gegensatz zu den Engländern) geben noch gern an die Blinden und Lahmen, ohne lange theoretische Erwägung: »ob die kritiklose Unterstützung armer Leute nicht vielleicht eine *Sünde* sei«. Sie haben auch noch keine Eisenschilder an ihren Türen: »Mitglied des Vereins gegen Bettelei«.

Ein Alter mit einem Bein (wenn das zweite nicht geschickt untergebunden war) saß innerhalb der Kirche und hielt den Eintretenden seinen Hut entgegen. Auch mir. Ich bückte mich ein wenig und warf einen Sous hinein. Als ich mich wieder aufrichtete, fiel schräg, von links her, ein heller Lichtstreifen auf den Pfeiler, zu dessen Füßen der Bettler hockte, und ein Wandbild, das bei gewöhnlicher Beleuchtung meiner Aufmerksamkeit entgangen wäre, blickte auf mich nieder. Es war ein »Christus am Kreuz«. Der Maler hatte für seine Darstellung den Augenblick gewählt, in dem das Menschentum in dem Gottessohn erseufzt; ein unendlicher Schmerz legt sich um Augen und Mund. In diesem bittersten Leidensmoment erscheint Gottvater selbst und legt seine rechte Hand unter den Arm des Kreuzes, zugleich auch des Gekreuzigten, um ihm hilfreich nahe zu sein in dieser seiner schwersten Stunde. Ein Bild voll tiefer, unendlicher Schönheit. Ich war erschüttert und konnte minutenlang kein Auge davon lassen. Dann sah ich das Mittelschiff hinauf, in dem, zumal um die Kanzel her, die Andächtigen dicht gedrängt standen und einem Geistlichen lauschten, von dem ich, neben schwachen Umrissen, nur die auf- und absteigenden Bewegungen von Arm und Hand erkennen konnte.

Meine Aufmerksamkeit wandte sich bald wieder dem Bilde zu, das ich jetzt unter Benutzung eines guten Glases, auch in seinen dunkleren Partien, examinierte. Als ich damit zu Ende war, stand ein hageres Männlein in dürftigem schwarzen Rocke, unverkennbar ein Kirchendiener, neben mir und sagte, auf das Bild deutend: »Masaccio!« Es folgten dann mit südlicher Redefertigkeit allerhand weitere Auseinandersetzungen, von denen ich kaum die Hälfte verstand und nur etwa entnehmen konnte, daß das Wandbild an dem nebenstehenden Pfeiler ebenfalls dem Masaccio zugeschrieben werde, vor allem aber, daß er selber bereit sei, mir die Kapellen und Sakristeien seiner Kirche zu zeigen. Dies schien mir ausnahmsweise in hohem Grade annehmbar, da der ungewöhnliche Zudrang es mehr als zweifelhaft machte, ob ich ohne Führerhand imstande sein würde, alle Sehenswürdigkeiten, über die ich mich vorher einigermaßen informiert hatte, mußevoll in Augenschein zu nehmen.

Unter diesen Sehenswürdigkeiten stehen zwei Kapellen, die Rucellai- und die Strozzi-Kapelle obenan. Ich nannte beide Namen dem Führer, der verständnisvoll nickte und in geschickten Schlängellinien, mitten durch die Menge hindurch, mich von der einen zur andern führte.

Die Rucellai-Kapelle ist berühmt durch eine große Madonna Cimabues, von der es heißt, daß sie, nach ihrer Vollendung, in großer Prozession in die Kirche getragen worden sei; in der Strozzi-Kapelle hingegen sind es drei große Wandbilder Orcagnas, das Weltgericht, das Paradies und die Hölle darstellend, die ge-

sehen werden müssen. Die Hölle machte einen geringen Eindruck
auf mich, desto mächtiger wirkten das Weltgericht und das Paradies, von denen mit Recht gesagt werden durfte, »daß sie die höchste Grenze des *Holdseligen* bezeichnen, welche die Giotto-Schule
überhaupt erreicht habe«. Selten habe ich mich dem Anblick von
Kunstwerken so ungestört und in so harmonischer Umgebung
hingeben können wie hier diesen drei Orcagnas gegenüber. Der
Kirchendiener, anderweitig beschäftigt, verabschiedete sich bald
und versprach nur, wiederzukommen. So saß ich allein in der
zehn, zwölf Stufen hoch gelegenen Kapelle und sah, wie von
einem Balkon aus, durch das Gitterwerk der geschlossenen Tür
auf den ganzen Mittelteil der Kirche nieder, drin die Andächtigen
und die Neugierigen, die Stabilen und die Beweglichen und, was
die Frauenwelt angeht, die Beterinnen und solche, die nur ange-
betet sein wollten, unschwer zu erkennen waren. Welche unter
den beiden letztgenannten Gruppen vorherrschte, wird der Leser ebenso leicht erraten. Einige der Jüngeren und Jüngsten waren schön, so schön, daß die Platenschen Verse:

> Und hat das florentinische Mädchen nicht
> Von frühester Jugend liebend emporgestaunt
> Zur Venus Tizians, und tausend
> Reize der Reizenden weggelauschet,

wohl von ihnen gelten durften; die Mehrzahl aber schaute aus
wie andre mehr und konnte mich nicht dauernd abziehen von
den Gestalten Orcagnas, die vor allem eine Erhabenheit aus-
drückten, von der die Welt da unten auch keine Spur aufzuweisen hatte.

Nach einer Viertelstunde oder länger öffnete sich wieder die
Gittertür, und ohne daß ein Wort gewechselt worden wäre, folgte
ich meinem Führer, erst treppab, dann das Seitenschiff hinunter,
bis wir durch ein schmales gotisches Portal auf einen Klosterhof
traten. Die Mittagssonne glitzerte über den Rasen hin und drang

mit ihrer Wärme auch bis in den mit Reliefs und Bildern reich ge-
schmückten Kreuzgang vor. Als wir eine bestimmte Stelle erreicht
hatten, bog der Führer rechts, öffnete ein prächtig gegliedertes Tor
und sagte nur: »*Cappella degli Spagnoli.*« Dann empfahl er sich
abermals, um seinem Kirchendienste nachzugehen. Diese kurze
Vorstellung genügte vollkommen. Ich hatte jetzt den Namen der
Sache, wußte also auch, mit Hilfe von Förster und Baedeker, die
grün und rot aus meinen Seitentaschen emporwuchsen, wo ich
nach Weiterem zu suchen hatte. Der Leser wolle übrigens keine
Zitate befürchten. Es wird sich großenteils um Eindrücke han-
deln, die ich empfangen.

Die *Cappella degli Spagnoli* ist eine Berühmtheit innerhalb der
Kunstgeschichte insoweit, als sie eine vorzügliche Gelegenheit
bietet, eine Anzahl hervorragender Werke der Giottoschen
Schule, und zwar alle wohlerhalten, kennenzulernen. Über die
Namen derer, die hier, künstlerisch schaffend, etwa ein Viertel-
jahrhundert lang tätig waren, gehen die Meinungen auseinander;
in der Regel werden Taddeo Gaddi und Simon von Siena genannt. Gleichviel! Auf den Gesamtinhalt des von ihnen Darge-
stellten eingehen zu wollen hieße ein Buch schreiben. Nur der
beiden Hauptbilder möge hinsichtlich ihres Gegenstandes wie
ihrer Komposition eine kurze Erwähnung geschehen. Zur Linken, die ganze Wandfläche füllend, sehen wir eine Art *Apotheose
des Thomas von Aquin,* der, von Engeln und Propheten, von
Evangelisten und Heiligen umgeben, die Mitte des Bildes ein-
nimmt. Zu seinen Füßen überwundene Ketzer: Arius, Sabellius
und Averrhoes. Hinter ihm, wie ein mächtiger Schirm, der ihn
schützend umgibt, vierzehn weibliche und männliche Gestalten,
von denen jene ebenso viele Tugenden und Wissenschaften, diese
die Porträts solcher Berühmtheiten darstellen, die sich in eben-
diesen Tugenden und Wissenschaften ausgezeichnet haben. –
Bedeutender noch oder seinem Inhalte nach interessanter ist
das gleich große Wandbild zur Rechten: »*Die streitende und die*

triumphierende Kirche«. Papst und Kaiser, als oberste Schirmherren, sitzen auf einem Thron; Bischöfe und Kardinäle um sie her. Hunde in Dominikanerfarben (italienisch: Domini cani) verjagen ketzerische Wölfe. Dominikus selbst zeigt, über der Kirche hin, den Weg zum Heil; Petrus aber empfängt die Begnadigten und öffnet die Pforte des Himmels, in welchem Christus in der Glorie von Engeln thront. Im Vordergrund des Bildes, nur in loser Beziehung zu demselben, Florentiner Gestalten aus Anfang und Mitte des 14. Jahrhunderts: Petrarca, Laura, Boccaccio, Fiametta, Cimabue, Taddeo Gaddi und der Maler selbst: Simon von Siena. Ein in vier Schichten oder Stufen aufgebautes Kolossalbild: die Wirkung überwältigend. Der unmittelbare Eindruck, den die Sinne in dieser Kapelle überhaupt empfangen, ist etwa der, als träte man in ein mächtiges, aus lauter Teppichen bestehendes Zelt. Nirgends ein leerer Fleck, und in *dieser* Beziehung vielleicht einzig dastehend unter den vielen verwandten Bauten, die das kirchen- und klosterreiche Italien bietet. Selbst in der Sixtina bleiben breite Wandstreifen, an denen sich die Paneelierungen hinziehen, frei. Hier aber ist alles Farbe, *Bild.*

Sagen zu wollen, daß dieser unendliche Erscheinungsreichtum, dem man es abfühlt, daß er sich unschwer hätte verdoppeln können, eine *volle* künstlerische Erhebung schüfe (die ich nun mal für mein Teil von einer *poetischen* nicht trennen kann), wäre Unwahrheit. Vielleicht hindert schon die bloße Fülle nebeneinandergestellter und gleichberechtigter Gestalten daran. Es fehlt die *Innigkeit*, und so werden denn vor diesen mächtigen Wandbildern keine Empfindungen geweckt, wie etwa vor dem Weltgericht Orcagnas oder vor der Assunta Tizians oder vor dem an den Marterpfahl gebundenen Sankt Sebastian Domenichinos. Wir stehen vielmehr wie vor modern-historischen Bildern. Trotz alles künstlerisch allegorischen Apparats, der in Szene gesetzt wird, ist es doch das Zeitgeschichtliche, der *Tageshergang*, der vornehmlich das Interesse weckt. Diesen Tageshergang bildeten damals die Kämpfe und der Sieg des *Dominikanertums*. Bilder wie diese waren also, bis zu einem gewissen Grade, die Huldigungs- und Krönungsbilder von damals; neben dem Zeitgeschichtlichen und Staatsaktionsartigen trat bereits auch das *Porträt-Interesse* erheblich mit in den Vordergrund. Wie immer aber auch dem sein möge, unter allen Umständen sind Schöpfungen wie diese nur dazu angetan, uns mit einem tiefen und nicht ganz neidlosen Respekt vor einer Zeit zu erfüllen, die statt der Kritik nur die Freudigkeit am Schaffen kannte und unbeirrt von Zeitungsstimmen und Zulässigkeitsfragen die ganze Ästhetik in Herz und Hand hatte. Uneingeschüchtert durch die gespenstische Schattenwelt der »Erwägungen«, stellte sie Allegorisches und Historisches, Kirchliches und Weltliches, Erhabenes und Satirisches scharf nebeneinander, stieg in den Himmel auf und aus ihm nieder (die wahre Freizügigkeit) und spannte nach allen Seiten hin die Brücken zwischen Gott und seiner Schöpfung. Aller Reflexionsmisere fremd, war die Kunst *innerlich frei* und feiert ihren allergrößten Triumph vielleicht darin, daß sie auch uns Nachgeborene noch an dem süßen Gefühl dieser Freiheit teilnehmen und uns all unsere Fragen und Bedenken in dem Fait accompli solcher Schöpfungen begraben läßt. Man folgt diesen Betätigungen künstlerischer Freiheit mit derselben wohligen Empfindung etwa, mit der man, in Gesellschaft, den Bewegungen und Worten eines vornehmen und reich beanlagten Menschen folgt, der, in völliger Zwangslosigkeit sich gebend, zugleich in jedem Augenblicke sich selber Gesetz ist. Die Frage nach dem Erlaubten existiert für ihn nicht; er handelt in Gemäßheit seiner Natur, und indem er *dieser* gehorcht, erobert er die Herzen fast ohne Wissen und Wollen. Unsere moderne Kunst entbehrt dieser Freiheit. Sie kommt aus der Tanzstunde, hat eben den Knicks gelernt und wirkt nur allzu häufig ernüchternd, weil sie beständig von der Frage beherrscht wird: »Werd ich auch nicht anstoßen?«

Eine halbe Stunde mocht ich, unter Betrachtungen wie diese, in der *Cappella degli Spagnoli* verweilt haben; dann öffnete sich abermals das Gitter, und durch allerhand Kreuz- und Klostergänge hin trat ich wieder ins Freie. Straßen und Plätze waren belebter noch als zuvor, und die vornehme Welt von Florenz, darunter auch die Offiziere der Garnison, entfaltete ihre winterliche Kleiderpracht. Viele trugen Pelze.

Unter Hin- und Herschlendern verging der Nachmittag, und schon zog es mich zu kurzer Rast in die Stille meiner Schweizer-Pension zurück, als ich mich plötzlich wieder auf dem Kirchplatze vor Santa Maria Novella sah und aller Abgespanntheit zum Trotz den Wunsch in mir aufsteigen fühlte, noch einmal einen Blick auf den Masaccio zu werfen, der am Vormittage einen so tiefen Eindruck auf mich gemacht hatte. »Nur einen Augenblick«, so beschwichtigte ich meine eigne Müdigkeit und trat ein.

Der Moment des Eintretens war auch der einer Enttäuschung. Die ganze erste Hälfte des Langschiffes lag im Dunkel, zumeist der Eingangspfeiler, der das Bild trug. Ein Bedauern darüber konnte indes nicht aufkommen, denn eine glänzende Abendfeier, die den Vormittagsgottesdienst weit in Schatten stellte, war eben auf ihrer Höhe. Dicht gedrängt stand wieder die Menge, und hinter dem Altar, der zu Füßen des hohen Chors errichtet war, blitzte ein goldenes Riesentuch, das, scheinbar von der Decke herabhängend, wie eine Zauberwand die Kirche nach hinten zu abschloß. In Front dieser Wand, wie eine Reihe von Weihnachtsbäumen, stand Kandelaber neben Kandelaber, viele hundert Lichter brannten, und immer neue Weihrauchwolken stiegen auf. Dazwischen spielte die Orgel unter Zugrundelegung moderner Opernweisen; Bellini, Donizetti, aber Verdi herrschte vor. Dann plötzlich trat eine Stille ein; alles kniete; und wie ein Rätselvolles zog es uns zu Häupten hin. Als sich's mählich wieder zu regen begann, fiel auch die Orgel mit neuen, immer schmeichlerischen Klängen ein, und im selben Augenblick erschienen Chorknaben auf kleinen Leitern und Estraden, mit Lichthütchen in Händen, um die Kerzen vor der goldenen Altarwand zu löschen. Alle Türen öffneten sich, und in dichten Kolonnen drängten Hunderte den Ausgängen zu. Zugleich mit ihnen kam eine Prozession weißgekleideter Mönche das Mittelschiff herunter, jeder einzelne eine Wachsfackel in Händen, und schritt auf das Portal zu. Glück über Glück! Der Wunsch, um dessentwillen ich in die Kirche eingetreten war, im letzten Moment noch sollte er sich mir erfüllen. Als der Zug bis in die Nähe des Ausgangs gekommen, fiel ein Lichtstreifen auf den Pfeiler, an dem *Masaccios* Gekreuzigter hing, und Gottvater selbst stützte ihn wieder lieb- und hilfreich mit seiner Rechten. In dem Christuskopfe derselbe Leidenszug, der am Vormittage so ergreifend zu mir gesprochen hatte, aber in sein Leid hinein mischte es sich wie Wehmut, und in der Wehmut blitzte es wie ein schmerzliches Lächeln. Dann schwand das Bild wie eine Vision, und alles war wieder Nacht.

Zwölf Stunden später, oder wenig mehr, keuchte die Lokomotive die Brennerbahn hinan, und – das »schöne Land Italien« lag hinter mir.

»Wie sehr uns diese alten und reichen
Kulturlande voraus sind«

Italien 1875

Briefe

Zweifelhafte Reisegesellschaft
und der »Storch« in Basel

Gestern abend auf der Fahrt von Freiburg hierher wurde mir durch einen Mitreisenden der »Storch« empfohlen. Der Name hat in Jahren, wo man nichts mehr von ihm zu befürchten hat, etwas Anheimelndes; so wählte ich mir denn in der Omnibusreihe, die 15 Mann hoch auf 3 Ankommende wartete, den »Cigogne«. Sehr bald beschlichen bange Ahnungen mein Herz. Der Hôtel-Omnibus nämlich, um den Storch zu charakterisieren, führte – etwa nach Analogie der roten Türen an der roten Apotheke – zwei Laternen am Backbord, die in einem zinnoberroten Holzgehäuse standen. Der Einfluß zweier Qualmlichter auf die frische Zinnober-Ölfarbe war nun geradezu furchtbar und stellte alles in den Schatten, was von ausgehenden Berliner Droschken-Lampen je geleistet worden ist. Solche Droschken-Lampe hat etwas so unendlich Kümmerliches, daß man, mitten in der Wut, sich eines gewissen Mitleids nicht erwehren kann; diese beiden Storch-Lichter hatten aber etwas Unverschämtes. Nach einer Viertelstunde hielten wir. Alles entsprach den roten Laternen; die ehrwürdige Atmosphäre eines 300 Jahr alten Hôtels umfächelte mich, und es waren saure Fettöne in der Luft, die recht gut von einem Braten herrühren konnten, den Ulrich von Hutten hier gegessen hat. So alles. Der Tee in solchen uralten Hôtels schmeckt nicht mehr nach Tee, sondern nur noch nach der Teekannen-Patina, die braun, wie alter Pfannenstein, das Gefäß inkrustiert. Im übrigen hab ich gut geschlafen und fühle mich leidlich wohl; das Fieber ist fort. Sonst freilich ist alles beim alten, und alle Mittel versagen den Dienst. Selbst eine Hungerkur hat nichts geholfen; in 27 Stunden nichts gegessen und nichts getrunken, aber es bleibt, wie es ist. Die Medizin ist doch eine erbärmliche Quacksalberei. Zu dem allen nun das Wetter! Seit gestern vormittag regnet es ununterbrochen; ich würde über all dies sehr verstimmt sein, wenn ich nicht das bestimmte Gefühl hatte, daß es in der Berliner Kanal-Luft erst recht nichts mit mir geworden wäre.

Nach dieser Einleitung steig ich nun historisch in die Vergangenheit dieser zwei Tage zurück. Meine Reisegesellschaft, die mir anfänglich ein gelindes Grauen einflößte, war schließlich nicht so übel. Das Ehepaar nebst Tochter führte den Namen Krüger; Krüger selbst entpuppte sich als ein Schwager von Prediger Roland, woraus ich fast schließen möchte, daß die Frau eine geborene Nobiling (wie auch die Gilli) war. Nur wäre sie dann freilich unter dem Niveau der beiden andern Schwestern. Das Ganze echtestes Bourgeoistum: sicher, bequem, trivial, ungebildet, in vorliegendem Falle nur durch Gutmütigkeit genießbar. Der Gichtikus, der mit zwei Stöcken mühsam ins Coupé hineinkletterte, war ein reicher »Proprietaire« aus Lichterfelde, der das Leben und die Liebe stark befahren zu haben schien. Er kannte Spanien und hatte drei Trauringe am Finger. Der furchtbar dicke Junge, der an den Eisenpfeiler lehnte, war das Produkt seiner Laune. Mit welchem seiner drei Trauringe er ihn gezeugt, ist mir ein Geheimnis geblieben. Er stellte der Familie Krüger den Jungen mit folgenden Worten vor. »Was glauben Sie, wie alt er ist? er wiegt 115 Pfund, und seine *Intelligenz* (wörtlich) entspricht seiner Dicke.« – Das »Cabinet« gewährte mir weiter keinen Vorteil als den, Mutter und Tochter abwechselnd verschwinden zu sehn. Meinem bißchen Humor tut dergleichen wohl; fragt man mich aber aufs Gewissen, wie ich all das nun eigentlich finde, so ström ich über von Indignation über diese Mischung von Mesquinerie und Roheit, die all unsre Zustände durchdringt. Das soll nun Nachahmung »amerikanischen Komforts« sein! Lucae versichert uns immer, in 20 Jahren würde Berlin eine der schönsten Städte Europas sein. Ich glaub es nicht, denn »es liegt nicht drin«. Mit Hilfe der Kanalisation, zu der ich nun mal schlechterdings kein Vertrauen habe, werden wir im Sterbe-Prozentsatz immer höher rücken, und hier und dort wird irgendein Pringsheim eine Kakel-Architektur in die Mitte langweiliger Häuser hineinstellen. Es fehlt der Sinn und ebenso an einer mit wirklicher Autorität ausgerüsteten Leitung. Wenn Schinkel jemals fehlte, so fehlt er jetzt.

Die Fahrt von Frankfurt bis Freiburg war sehr angenehm, namentlich eh der Regen einsetzte. Die »Bergstraße«, die von Darmstadt bis Heidelberg läuft, ist schön und erinnerte mich an manchen Stellen lebhaft an unsre vorjährige Fahrt am Apennin hin. Worin Ähnlichkeit und Unterschied liegen, will ich hier nicht weiter ausführen. Die genannte Strecke machte ich in Gesellschaft des Geh. Rat Dr. Baehr, unsres alten Wichmann-Freundes, der immer die Flucht ergreift, wenn wir angemeldet werden. Ein wunderbarer Heiliger, der durch Strohhut und Nanking, in denen er auftauchte, nicht wesentlich gewann. Er gehört zu denen, die es nicht ertragen können, daß man in Berlin, im ganzen genommen, klüger ist als in Kassel, jedenfalls aber besser aussieht. Er saß ziemlich dicht neben mir, nur eine Person zwischen uns, und erkannte mich entweder wirklich nicht oder wollte mich nicht erkennen. Mir war es recht, um so mehr, als er mit einem Frankfurter eine lebhafte Konversation führte. Mit »Augen rechts« folgte ich dem Lauf der Bergstraße und hatte mehr davon als vom Lauf der Konversation. In Heidelberg, wo uns Baehr wieder verließ, gab ich ein Telegramm an Tante Pinchen auf, worin ich meine Ankunft meldete. Unter dem Vordach des Freiburger Bahnhofs standen vierzig bis fünfzig Menschen. Das erste Wesen, auf das mein Auge fiel, war – Tante Pine. Sie sah eigentlich aus wie früher, noch ein bißchen verquienter, noch ein bißchen vermorchelter, noch ein bißchen wehmütiger, eine natür-

liche Folge der seit 50 Jahren in Permanenz erklärten Sentimentalität. Ich sprang aus dem Wagen und küßte den lippenlosen
Mund. Mit soviel Heiterkeit, wie meine Unterleibszustände zu-
ließen, sprang ich über die ersten peinlichen Momente weg. […]
Ich wurde lebhaft aufgefordert, noch länger zu bleiben, hatte
aber die Empfindung: 4 Stunden ist genug.

Es regnet immer noch, so daß ich von Basel, das ich übrigens
kenne, diesmal nichts weiter sehn werde als den Granatbaum, der
kostbar blühend auf dem Hofe meines Hôtels steht, und die
Rheinbrücke. Im wesentlichen hab ich also meine Kenntnis der
Stadt diesmal nur durch den »Storch« bereichert. Etwas wenig.
Wenn die nächsten Wochen nicht mehr an Bildungs-Elementen
bringen, so hätt es Freienwalde auch getan. Ich gehe nun von hier
direkt nach Konstanz, ohne mich unterwegs beim Rheinfall auf-
zuhalten, da der überschuhlose 55er nicht mehr in der Lage ist,
um eines Naturschauspiels halber sich nasse Füße zu holen.

[…]

Also am 7. bitt ich nach Mailand zu schreiben und am 9. noch
einmal.

An Frau Emilie, Basel, 5. August 1875

Am Rheinfall bei Schaffhausen

Ich blieb im »Storch« drei Stunden länger, als ich berechnet hatte.
Schönheit und Liebenswürdigkeit der Wirtin waren nicht schuld
daran; sie sah aus, als habe sie der Storch zu viel oder zu wenig
gebissen. Ihr Antlitz klärte sich auch nicht auf, wohl aber das
Wetter. Dies bestimmte mich, nicht direkt nach Konstanz, sondern nur bis Neuhausen (Station in Nähe von Schaffhausen) zu
gehn. Man bleibt jetzt in der Regel an diesem Ort, weil man den
Rheinfall von hier aus am schönsten sieht. Auch das Gasthaus ist
hier am besten; echt-englisches Hôtel, in dem man wieder Mensch

wird. Viel tragen zu dieser wohltuenden Erscheinung allerdings die Engländer selbst bei; richtiger, die Engländerinnen. Es hilft nichts, wir verschwinden neben ihnen. Ich will dies alte Streitthema nicht zum hundertsten Male behandeln, aber es ist so, wie ich sage. Durch Abstammung, Erziehung, Pflege, Freiheit und allerglücklichste Lebensverhältnisse repräsentieren sie schließlich eine höhere Race. Das ganze Volk trägt einen aristokratischen Stempel. Was bei uns in Einzelexemplaren vorkommt, kommt bei ihnen massenhaft vor. Auch bei uns gibt es Rosen, aber im Rosental zu Kaschmir wachsen sie wild.

Die ganze Rheinfall-Szenerie übertrifft weitaus meine Erwartungen, so das ganze Rheintal überhaupt, in dem wir gestern hierherfuhren. Rheinfelden, Säckingen und vor allem Laufenburg sind sehr schön. Schon vor zehn Jahren, als ich von Interlaken und Zürich aus heimkehrte, bin ich daran vorübergefahren, aber ohne das geringste zu sehn. So reist man jetzt. Wahrscheinlich war ich müde und steckte auch nicht ein einziges Mal den Kopf zum Fenster hinaus. Der Rheinfall wirkt wie die Jungfrau. Was dort der Schnee tut, tut hier der Wasserschaum. Man steht hier wie dort einem Etwas gegenüber, das einen durch Reinheit beglückt. Dazu verwandte Farbenwunder. Inmitten dieser Schaummasse, die völlig wie ein Schneesturz niederdonnert, werden smaragdene Töne sichtbar, die an Schönheit mit dem Alpenglühn wetteifern können. *Dies* hier ist ein Punkt für Hochzeitsreisende! Von Hôtel zu Hôtel traben oder Galerien absuchen kann dem tapfersten Recken den honey-moon verleiden; aber in diesem Schweizer-Hof 14 Tage leben und das Dasein in Liebe, Rheinfall und substantial breakfast's gipfeln zu sehn, muß für einen 25jährigen himmlisch sein. Selbst die Langeweile verliert hier ihren Charakter. Es braucht hier nichts gesagt zu werden, ja es *soll* hier nichts gesagt werden. Die Natur ist in einem steten Donner, und wenn es donnert, schweigt der Mensch. So wird hier auf natürlichem Wege, und fast von Schicklichkeits wegen, die

Klippe vermieden, an der fast alle Liebespaare scheitern: die Unterhaltungsnot. Gesagt ist alles, und *immer* küssen geht über die menschliche Kraft. Deshalb gehe denn heute auch nur *ein* Kuß in die Heimat; über die Adresse schweig ich verschämt.

An Frau Emilie, Neuhausen, 6. August 1875

Abstecher nach Konstanz

Gestern d. 6. vormittags, unmittelbar nachdem ich an Dich geschrieben, verließ ich das Rheinfall-Hôtel (Schweizerhof) und fuhr nach Konstanz. Es liegt sehr schön am Bodensee. Eine Dampfschiffahrt über diesen verbot sich, teils wegen des heftigen Windes, der wehte, teils weil ich dadurch fünf, sechs Stunden verloren hätte und erst spät abends hier eingetroffen wäre. So benutzte ich die am Bodensee hinlaufende Eisenbahn, nachdem ich für die Besichtigung der Stadt Konstanz noch ziemlich eine Stunde gehabt hatte. Das vielleicht interessanteste Gebäude derselben ist das »Kaufhaus«, jetzt das Konziliums-Haus geheißen, in dessen großer Halle (mit auf Holz-Säulen ruhender Holzdecke) die Kardinäle über Hus zu Gericht saßen. Wie in der Regel derartige Örtlichkeiten, so wirkte auch dieser Saal wenig echt; es ist nur noch der *Raum* als solcher, der das Interesse in Anspruch nimmt, die Dinge, die ihn einschließen, ihn schmücken oder charakterisieren, gehören andren Zeiten an, vielleicht selbst die Decke und die Säulen. Fresken, von Friedrich Pecht herrührend, einem geborenen Konstanzer, umziehen die Wände; es sind Szenen aus dem geschichtlichen Leben der Stadt. Hus hat drei Bilder: seine Verteidigung vor Kaiser und Konzil, seine Überführung in den Insel-Kerker auf Gottlieben und sein Feuertod. Hus selbst ist auf allen drei Kompositionen natürlich wieder Porträt von Friede Eggers. Die ganze Münchener Schule, Kaulbach an der Spitze, hat sich an ihm versehn. Im übrigen fand ich die *sämtlichen* Kompositionen, etwa 10 bis 12, merkwürdig gut, die »Überführung des Hus über den See« sogar von herzbeweglicher Kraft. Es mag sich vieles dagegen sagen lassen, aber nicht ein einziges wirkte langweilig; alle hatten sie etwas von dem Reiz, der vorweg an aller *Handlung* haftet. Die einzige Kunst, die unsre Historienmaler in nur allzu vielen Fällen üben, besteht darin, daß sie die Tat gleichsam zu entnerven und das natürlich Gegebene in seinem Zauber zu entzaubern verstehn. Gibt es etwas Ergreifenderes als »Konradins Tod«? gibt es etwas Langweiligeres als die Bilder, die ihn darstellen? Wahrscheinlich existieren Ausnahmen; aber ich kenne keine.

Von Konstanz in etwa 4 Stunden hierher. Der Weg führt über Romanshorn und Rorschach, dann rheinaufwärts bis Chur, ein oder zwei kleine Stationen *vor* Chur liegt Ragaz. In Romanshorn traf ich die Familie Hoepner, fünf Mann hoch: er, sie, der Sohn, das Töchterchen und ein Mädchen. Wo nehmen sie das Geld zu solchen Reisen her? Vielleicht tut er dieselbe Frage. Sie kamen von München, wenn ich nicht irre, und gingen an den Vierwaldstätter-See, um dort ihre Villaggiatur zu schließen.

Hier, in Ragaz, fand ich [die] teuren Wangenheims in bestem Wohlsein. Er absolut rüstig, ein stilles Mitglied des Alpenclubs; sie so gut wie völlig genesen, Arm und Hand wieder beweglich; Elsy um 5 Jahre verjüngt. Wir soupierten zusammen; es war sehr reizend. Leider ist mein Magen total ruiniert, ich kann nichts essen. In diesem Augenblick sitzen W.s an der Table d'hôte; ich kann aber nicht teilnehmen und will froh sein, wenn ich heut abend einen Bissen genießen kann. Es ist ganz so wie im vorigen Jahre in Italien. – Heute vormittag haben wir zusammen gefrühstückt (Tee), dann eine Fahrt, die berühmte Tamina-Schlucht aufwärts, nach *Pfäffers* gemacht. Bei Pfäffers wird die Schlucht zur bloßen Spalte, an der hin eine schmale Galerie führt; unten die Tamina, oben die Felsen wieder sich berührend oder doch nur handbreiter Zwischenraum. Unter allem derartigen, was ich gesehn, ist es das Großartigste. Die Fingalshöhle auf Staffa ist fast noch schöner und poetischer, verschwindet aber an Imposance daneben. – Heute abend fahr ich nach Chur; morgen früh über den Splügen nach Italien hinein.

An Frau Emilie, Ragaz, 7. August 1875

Fahren ist das Beste

Da wären wir also wieder unter italienischem Himmel! Die durch Pietsch so berühmt gewordenen Nußbaum- und Kasta-nien-Alleen, »die sich vom dunklen Hintergrund der Berge ab-heben«, sind wieder um mich her, und auch die Weingirlanden ziehen sich von Baum zu Baum. Alles echt und vorschriftsmäßig. Gestern abend 9 Uhr traf ich, nach einer 16stündigen Fahrt, in Bellinzona ein. Um 5 Uhr früh hatte ich Chur im Eilwagen ver-lassen. Unter gewöhnlichen Umständen wäre das eine Strapaze gewesen, und zwar eine um so größere, als ich während der drei Stunden, die ich zu Chur im Bett zubrachte, keinen Augenblick Ruhe gefunden hatte; nichtsdestoweniger war der ganze Tag eine Wonne von Anfang bis Ende. Selbst eine leise Prellerei, der ich ausgesetzt wurde, konnte daran nichts ändern. Sie ging mit Freundlichkeit Hand in Hand, was mich jedesmal entwaffnet; nur die gemeine norddeutsche Betrügerei, die nicht nur in dem Maß der Forderung, sondern auch in der Manier derselben Un-verschämtes leistet, verdrießt mich. Wie ungermanisch bin ich doch! Alle Augenblick (aber ganz im Ernst) empfind ich meine romanische Abstammung. Und ich bin stolz darauf.

Friedel hat recht: das *Fahren* ist das Beste von der Geschichte. Einige machen die Hôtels zur Hauptsache, andre die Bildergale-rien, noch andere das Bergklettern, als ob der Mensch von der

Ziege abstammte. Dem allem steht die Friedelsche Schule, der ich mich anschließe, mit höherer Berechtigung gegenüber. Das Beste ist *fahren*. Mit offnen Augen vom Coupé, vom Wagen, vom Boot, vom Fiacre aus die Dinge an sich vorüberziehen zu lassen, das ist das A & das O des Reisens. Was noch übrigbleibt, ist Sache des Studiums, und auch mit diesem Studium ist es soso. In den seltensten Fällen ist es möglich, in den Kern der Dinge einzudringen, und wer sieben Monate lang in Rom lebte, wird nicht sehr viel mehr heimbringen als der, der es, sieben Tage lang, mit Plan und Buch in der Hand durchfahren hat. Wir lernen mit dem Auge am meisten; es ist beständig tätig; das Ohr nur sehr ausnahmsweise. Dazu kommt, daß wir im *Sehen* immer etwas empfangen, im *Hören* sehr oft nichts.

Also um 5 Uhr früh aus Chur. Ich hatte einen Platz im Cabriolet, neben mir zwei dänische Damen. Als Verfasser des »Krieges von 1864« schwieg ich mich patriotisch aus. Gleich der erste Moment, beim Einbiegen in die große Chaussee, war prächtig. Die Rhätischen Alpen schlossen dunkel den Horizont, aber hoch über die vorderste Linie hinweg schaute das Schneehaupt des Piz Beverin, das, eben im Morgenlicht erglühend, die sich ihm nähernden Fremden freundlich begrüßen zu wollen schien. Die Fahrt geht rheinaufwärts. Nach etwa drei Stunden hatte man Thusis erreicht, das am Eingangstor der berühmten Via mala gelegen ist. Ich orientierte mich ein wenig, während die Pferde gewechselt wurden. Jetzt trat der Kondukteur, ein breitschultriger Graubündner, dessen ursprüngliche Schweizer-Barschheit längst in milde stimmenden Spirituosen untergegangen war, an mich heran und machte die Bemerkung, daß ich vom Cabriolet aus nicht viel sehen würde; »der Bankett-Platz, *das* sei das Wahre, um Umschau zu halten; die ›Differenz‹ könnte ich später an ihn erlegen«. Mein bereitwilligstes Eingehn auf diesen Vorschlag kostete mich, außer einer Anzahl Trinkgelder, 7 Francs 45 Centimes, die natürlich auch nur eine zwischen zwei, drei Verschworenen zu teilende Kriegskontribution waren. Der mir geleistete Dienst war aber viel größer als die Brandschatzung, so daß ich meinem Kondukteur auch noch nachträglich aufrichtig dankbar bin. Nur von dem offnen Bankett-Platz aus war es möglich, die Zauber dieser Straße auf sich wirken zu lassen, denn man muß eben imstande sein, jeden Augenblick, rechts oder links, nach oben oder unten blicken zu können. Beständig drängte sich mir die Erinnerung an das Böcklinsche Bild auf; alles war da; nur der Ichthyosaurus kuckte *nicht* aus seinem Felsenfenster heraus. Und dennoch fehlte auch *er* nicht; denn der Ichthyosaurus, den der Künstler so genial erfunden hat, ist allerdings der Genius loci dieses Orts, nichts als die Verkörperung des Schreckhaften, des Elementar-Ungeheuerlichen, das, aus Fabelzeiten her, hier seine Stätte hat. Was alles man auch über Böcklin sagen, ja ob man beweisen mag, daß dies und ähnliches gar keine malerischen Aufgaben seien, dennoch ist mir schließlich solch Nicht-Maler lieber als hundert andre, denen niemand ihren Titel bestreitet.

Auf Beschreibung dieses großen Stücks Natur laß ich mich nicht ein; diese undankbare Aufgabe überlaß ich den Touristen generis communis, die keine Ahnung davon haben, daß die äußerliche Beschreibung nur klein macht und daß die Schilderung der *Wirkung* dieser Szenerie nur von einem Poeten in seiner besten Stunde geleistet werden kann. Nur eines. Ich hätte nicht geglaubt, daß nach allem, was ich in meinem Leben gesehn habe, ich noch so mächtig von Dingen dieser Art bewegt werden könnte. Zum Teil mag es daran liegen, daß meine Schweizer-Eindrücke aus frührer Zeit her schon wieder verblaßt waren,* während die Eindrücke, die Italien gibt, doch von ganz andrer Natur sind. Neapel beispielsweise ist auch großartig; aber es ist eine großartige *Schönheit*, in der doch zuletzt das Großartige im Schönen untergeht. In der Tamina-Schlucht hingegen und fast noch mehr in der Via mala wird die Großartigkeit ganz rein verzapft; wenn sie einen Beisatz hat, so ist es der des Schrecklichen, der zum Imposanten und Gewaltigen au fond besser paßt als das Schönheitliche. Das Wesen der Schönheit ist das Maß, das in einer Art Gegensatz zum Großartigen steht.

Sehr bald nach der Via mala kommt das hochgelegene Dorf *Splügen,* das für zwei, von Chur nach Italien führende Linien den Gabelpunkt bildet. Die eine, die später bei Chiavenna mündet, führt über den Splügen selbst, die andre über den Bernhardin. Diese letztre war die von mir gewählte, weil mein Reiseplan dahin ging, an der Nordspitze des Lago maggiore Italien zu erreichen. An dieser Nordspitze, oder doch in unmittelbarer Nähe derselben, liegt *Bellinzona.*

Um 1 Uhr waren wir in *Dorf* Splügen und nahmen ein ganz gutes Diner. Um 2 Uhr weiter. Ich immer noch auf dem Adlerhorst meines Bankett-Platzes thronend. Beim Abfahren rief mir ein zurückbleibender Postillon zu: »ja, das ist der beste Platz«. Ich hörte gleich etwas wie Schelmerei heraus, ohne im übrigen viel Gewicht darauf zu legen. Bald indessen sollte mir die Tragweite dieses Scherzes klarwerden. Der Bernhardin, den wir jetzt in der Serpentine erkletterten, ist ganz kahl, und da saß ich nun im glühenden Sonnenbrand, immer kochiger und gedunsener werdend, durch nichts getröstet als durch die Betrachtung, daß ich für 7 Francs 45 Centimes den teuersten Platz des Wagens erstanden hatte. Die Nase tat mir weh, und ich fühlte, daß ich mit jedem Augenblick dem alten Kießling ähnlicher wurde. Nur bewahrte mich der Schilber-Zustand vor der Porosität. Ich konnte mich über das Peinliche und noch dazu Ridiküle meiner Lage nicht länger täuschen; die Sonne brannte, daß ein Straußenei hätte ausgebrütet werden können; alles einsam; nur die Adler und – ich in der Luft. »Non soli cedo.« Ich wich aber schließlich *doch,* ließ halten und kletterte (die Cabriolet-Plätze waren mittlerweile andrerseits besetzt worden) in den Fond des Wagens. Dies war ein Glück für mich. Hier herrschte am meisten Schatten, und nach Schatten dürstete meine Seele. Zudem war ich allein. In diesem Alleinsein schwelge ich ordentlich. (Dies geht nicht gegen Dich. Du warst eine vorzügliche Reisegefährtin.) Während ich früher meine Scheuheit anklagte, segne ich sie jetzt. Es verlohnt sich nicht, auch nur ein einziges Wort zu sprechen; alles triviales, dummes Zeug, das einen nur von einer scharfen oder mußevollen Betrachtung der Dinge abzieht.

Der Weg den Bernhardin *hinauf* war trist und langweilig, sein Plateau interessant, der Weg berg*abwärts* entzückend, namentlich auf der Strecke von dem kleinen Badeorte San Bernardino bis Mesocco. Dies ist – selbstverständlich mit Ausnahme der Via mala, die ein Ding für sich ist – die brillanteste Strecke des Weges; die Hitze ließ jetzt nach; die Farbentöne wurden immer schöner. Ich rückte deshalb, nachdem mein Platz im Cabriolet wieder frei geworden war, aus dem Fond des Wagens abermals in den fensterreichen Frontkasten ein. Ich sollt es nicht bereuen; selbst das Störende gestaltete sich zum erheiternden Zwischenspiel. In San Bernardino war ein Chaussee-Arbeiter aufgestiegen, den man aus Gutmütigkeit mitnahm. Er preßte sich, so gut es ging, mit in den Bockkasten des Postillons hinein. Da dieser Platz aber für zwei nicht recht ausreichte, so kam es, daß das linke Bein des blinden Passagiers gerade vor meinem Cabrioletfenster hing. Zum Überfluß hatte er, kurz vor dem Aufsteigen, in einen halbausgetrockneten Fladen getreten, dessen durch einen halben Strohhalm augmentierte Überreste an seinem Hacken hingen. Alles in allem kam, mit Hilfe des Halms, eine unregelmäßige Sichel heraus, die nun, innerhalb des Fensterrahmens, eine zweite, engere Umrahmung schuf. Lunettenartiger Ausschnitt. Über das einigermaßen Unappetitliche kam ich leicht hinweg. Ich hätte in diesem Augenblick verdient, Wichmann zu sein. Auch war die ganze Szenerie in der Tat von so viel Lieblichkeit, daß nur ein Griesegram hätte mäkeln können. Sonntag-Nachmittag; das Volk überall geputzt und plaudernd oder auch zur Heu-Ernte hinausgegangen. Inmitten der Heuenden stand eine junge schöne

Frau, die die ganze Wiege, in der ihr Kind lag, wie einen Leier-
kasten auf dem Rücken trug. Was mich aber am meisten erhei-
terte, war das folgende. Wir fuhren berg*ab*; deshalb genügten vier
Pferde, während berg*auf* fünf gebraucht zu werden pflegen. So
blieb denn von den fünf Umspann-Pferden, die am Vormittag,
einige Stunden vor unsrer Ankunft in San Bernardino, von Mesocco aus hinaufgeklettert waren, eins übrig, das aber doch auch
wieder zurückmußte. Wie geschah das nun? Auf die einfachste
Weise von der Welt. Schon mochten wir eine Meile oder mehr
bergab sein, als ich plötzlich mit Hilfe der Serpentine eines Pfer-
des ansichtig wurde, das, während es uns in Wahrheit auf fünfzig Schritt *folgte,* an jeder Biegungsstelle nicht *hinter,* sondern
neben uns war. Dann und wann, wenn nur ein einfaches Stück
Wiesenland den Raum zwischen der Serpentine füllte, sparte sich
das kluge Tier die überflüssige Wegstrecke, durchschnitt geschickt den grünen Streifen und lief nun gerade auf unser Seiten-
fenster zu. Hineinkuckend begrüßte es uns durch das Schel-
lenklingeln seines Geschirrs und nahm dann wieder die Queue,
in pflichtschuldigem Abstand dem Wagen folgend.

Ich könnte in solchen Schilderungen fortfahren; aber es wird
zuviel, und – Dubletten wirken nicht. Der Mond ging auf und
warf sein Licht über verschiedene Bergwässer, zuletzt über den
Tessin. Um 9 Uhr fuhren wir in Bellinzona ein. Ich nahm Abschied von meinem Kondukteur, der *sehr* freundlich war, und
zog in den »Engel« ein, der seinem Namen Ehre machte, was
man nicht von jedem Engel sagen kann. Ich war todmüde und
schlief wie in Abrahams Schoß.

Diesen Tagesbericht hab ich wirklich während der Bootfahrt auf
dem Lago maggiore geschrieben, aber – mit Bleistift in mein Notizbuch. Dies ist die Abschrift davon. Sie ist mir blutsauer geworden, da zwei Federn, die mir Zimmermagd und Kellner lie-

ferten, gleich schlecht waren. Morgen früh rechne ich auf einen Brief von Dir; mög ich Gutes hören. Mit meinem Befinden geht es seit der Fahrt über den Bernhardin besser; die furchtbare Hitze scheint mich kuriert zu haben.

* Ein Herr, mit dem ich von Konstanz bis Rorschach fuhr, sagte mir sehr richtig: »Ich habe den Rheinfall vor 20 Jahren gesehn, aber ich habe kaum noch eine Vorstellung davon.« Alles verblaßt mit den Jahren; weniges, was in Farbenfrische in uns fortbesteht. Soll man sagen: »Schade« oder »Gott sei Dank«.

An Frau Emilie, Auf dem Lago maggiore, 9. August 1875

Kritischer Blick zurück

Gestern schrieb ich vom Lago maggiore aus, heute schreib ich von Mailand, das ich gestern bei guter Zeit erreichte. Ich stieg im Hôtel de la Ville ab, *nicht* im Hôtel Cavour, das mir Heyden empfohlen hatte. Hôtel Cavour liegt am Rande der Stadt, Hôtel de la Ville in der Mitte; dies bestimmte mich, letztrem den Vorzug zu geben. An Wert sind sie gleich, auch wohl an *dem* Wert, den sie sich in ihren Rechnungen selbst beilegen. – Aber ich schulde Dir noch eine Schilderung des gestrigen Tages. Ich kann mich ziemlich kurz fassen.

Etwa um 9 aus Bellinzona. Kurze Eisenbahnfahrt um die Nordspitze des Lago maggiore herum; Ankunft in Locarno 10 Uhr. Von hier aus machte ich nun die Seefahrt, die 5 bis 6 Stunden dauerte. Der See sieht geradeso aus, wie er gemalt zu werden oder selbst in Ölfarbendruck zu erscheinen pflegt. Jede Überraschung, die so viel tut, fällt weg. Überhaupt kann man von Italien sagen, es sei »abgemalt«, wie Lieder abgesungen werden. Ihre Popularität wächst dadurch, vielleicht auch ihr Ruhm, aber *nicht*

ihr Reiz. Alles Schönste muß rar bleiben, muß als beglückende
Ausnahme empfunden werden. Je gekannter, je trivialer; nicht
immer, nicht notwendig, aber die Gefahr ist da. Was nun den
Lago maggiore angeht, so hängt alles davon ab. Der treue An-
wohner des Müritz- oder Müggelsees wird in unbegrenztes und
berechtigtes Entzücken geraten, wer aber vom Golf von Neapel
kommt oder das Bild desselben in der Seele bewahrt, der wird
dies oberitalische Wasserbecken doch nur zweiten Ranges finden. Die Weitgespanntheit des Bogens, die Farbe des Wassers,
der Reichtum der Ufer-Einfassung schaffen einen Unterschied,
der sehr zuungunsten des »Langen Sees« ausfällt. So nennen die
Graubündner den Lago maggiore. In seinem nördlichen Drittel
wirkt er mehr oder minder kahl; erst wenn man die Mitte erreicht
hat und etwa von Palanza aus rückwärts blickt, hat man ein sehr
schönes Bild, weil sich nun alles zusammenzuschieben und den
Ufern einen reicheren Charakter zu geben beginnt, als sie in
Wirklichkeit haben. Nun kommen die Inseln: Isola Madre und
die berühmte Isola Bella. Auch selbst diese letztre wirkt nicht
stark. Man sieht ein ramponiertes Schloß, einen Kranz ziemlich
schmutziger Uferhäuser und hinter diesen Häusern, dieselben
bergartig überragend, die vielgenannten, vom Grafen Borromeo
vor etwa 200 Jahren angelegten Terrassen. Ein Stück Sanssouci,
nur mit dem Unterschied, daß der Isola-Bella-Hügel nicht nach
einer Seite, sondern nach allen *vier* Seiten hin terrassiert wurde.
Also nicht einfach so: ⌐⌐, sondern im Längs- *und* Querschnitt
so ⌐⌐⌐. Ich kann aber nicht sagen, daß die Sache dadurch an
Schönheit gewonnen hätte. Im Gegenteil, sie erhält etwas durchaus Spielriges, das durch die zahlreich angebrachten Architekturen und Skulpturen: Obelisken, Säulen und Statuen (darunter
– über dem Eingangstor – ein Engel zu Pferde), nur noch gestei-
gert wird. Ich glaube nicht, daß ein genaueres Inaugenschein-
nehmen mein Urteil erheblich modifiziert haben würde. Denn
man übersieht von Deck aus alles ganz deutlich.

Mit Isola Bella hört die Schönheit und das Interesse auf; man fährt nur weiter, um, an der Südwestseite des Sees, Arcona zu erreichen, von wo die Eisenbahn die Reisenden nach Mailand führt. 2½ Stunde. Eine der ersten Stationen ist Somma, in der Nähe des Ticino, wo Hannibal, nach Passierung der Alpen, seinen ersten Sieg über die Römer erfocht; dann folgt Legnano, wo die Mailänder den Barbarossa schlugen. Überhaupt begegnet man hier – ähnlich wie auf der Strecke von Weimar bis Leipzig – alle 5 Minuten einem berühmten Schlachtfeld.

Um 7 Uhr waren wir in Mailand.

Nach einer unerläßlichen Säuberung und Einnahme eines Soupers: Hammelkotelettes, in denen ein mir vorschwebendes Ideal endlich zur Wirklichkeit wurde, ging ich in die Stadt und sah noch den Dom, den Scala-Platz mit seinem gleichnamigen Theater, die große Marmorstatue Leonardo da Vincis und die neuerdings so berühmt gewordene »Galeria Vittore Emanuele«, das Vorbild zu unsrer »Passage«, die daneben allerdings zu einem bloßen Gäßchen zusammenschrumpft. Überhaupt, welche Stadt! O Berlin, wie weit ab bist du von einer *wirklichen* Hauptstadt des Deutschen Reiches! Du bist durch politische Verhältnisse über Nacht dazu geworden, *aber nicht durch dich selbst.* Wirst es, nach *dieser* Seite hin, auch noch lange nicht werden. Vielleicht fehlen die Mittel, gewiß die Gesinnung. »Denn aus Gemeinem ist der Mensch gemacht«, sagt Schiller; er soll dabei speziell an den Berliner Spießbürger, der inzwischen zum »Bourgeois« sich abwärtsentwickelt hat, gedacht haben. Überhaupt will es mir nicht glücken, es im Auslande zu irgendeiner patriotischen Erhebung zu bringen. Nicht nur, daß man Schritt um Schritt empfindet, wie sehr uns diese alten und reichen Kulturlande voraus sind, nein, man *taxiert uns auch in diesem Sinne.* Man will von uns nichts wissen. Weder das »ewige Gesiege« noch die 5 Milliarden haben unsre Situation gebessert. Es hieß zwar unmittelbar nach dem Kriege: »wir seien nun ein für allemal etabliert, der so lange vermißte Respekt sei da«. Aber ich merke nichts davon. Alles dreht sich nach wie vor um England und Frankreich; man versteht kein Deutsch oder will es nicht verstehn; englische und französische Zeitungen überall; englische und französische Bücher im Schaufenster jedes Buchladens, aber kein einziges deutsches Buch. Nicht einmal die »Wanderungen«. Im Grunde genommen ist es recht so, denn das, was *wirkliche* Superiorität schafft, fehlt uns, trotz Schulen und Kasernen, nach wie vor. Freilich haben Athen und Sparta einst *politisch* rivalisiert; aber Sparta ist längst nur noch Name und Begriff, während die beglücktere Rivalin eine *Wirklichkeit* ist bis diesen Tag.

An Frau Emilie, Mailand, 10. August 1875

Kunst-Tourismus in Mailand

Heute früh auf die Post. Nichts da. Der Tag begann also mit einer Enttäuschung. Sein Verlauf war aber besser, als hiernach zu erwarten stand. Ich flanierte – die Hitze war schon sehr groß – ein weniges um den Domplatz herum und nahm dann einen Fiacre auf Zeit.

Zuerst nach Sta. Maria della Grazie, in deren Refektorium sich das berühmte Abendmahlsbild Leonardo da Vincis befindet. Der Moment meines Eintretens erinnerte mich an unsren ersten Besuch in der Sixtinischen Kapelle. Allerhand Ähnlichkeiten bieten sich in der Tat. Aus den Bleistift-Aufzeichnungen, die ich an Ort und Stelle machte, stehe hier folgendes. »Die Komposition ist wundervoll, ebenso der Reichtum und die Lebendigkeit der Charakteristik. Nichts kehrt wieder. Auf jeden einzelnen haben die Worte des Heilands eigenartig, seiner besondren Natur entsprechend, gewirkt. Dennoch kann ich beim besten Willen nicht sagen, daß mir *alles* gefiele oder auch nur genügte. Die Charak-

teristik, wie ich sagte, ist reich und lebendig, aber *sie ist keineswegs immer klar*. Daher kommt es auch, daß die gedruckten Erklärungen, die einem von dem Kustoden überreicht werden, so
viel dummes oder insipides Zeug enthalten. Durch die Überset-
zung ins Englische sind diese Erklärungen noch schwächer und
unausreichender geworden. So heißt es zum Beispiel beim Thomas: ›he assures to revenge *himself*‹, es muß unzweifelhaft heißen
›to revenge *him*‹, denn er will nicht *sich* rächen, sondern *ihn*, seinen Herrn und Meister. Von links nach rechts gehend, ließe sich
sagen: Bartholomäus ist gut, Jacobus unklar, Andreas sehr gut,
Petrus weniger, Judas vorzüglich (die glänzendste Figur des Bildes); Johannes schön, ein bißchen *sehr* weiblich, es könnte auch
Magdalena sein, Jacobus der Ältere etwas outriert. Thomas, der
Kopf gut, aber der erhobene Schwurfinger nicht so wirkend, wie
er sollte. Der Ausdruck ist hinter dem höchst charakteristisch
Gewollten zurückgeblieben. Philippus langweilig, fast senti-
mental. Matthäus, Taddäus, Simon sehr gut, brillante Köpfe, aber
ohne scharf ausgeprägten Bezug auf die Situation. Christus herrlich in dem himmlischen Friedens- und Ergebungs-Ausdruck,
den Leonardo in den Kopf zu legen wußte, ein Ausdruck, der
mir nur noch durch das, was in der Bewegung der beiden Hände
sich ausspricht, übertroffen zu sein scheint. Dies ist so bedeutend
und tritt so hervor, daß es schon zu mir sprach, als alles andre
noch *nicht* gesprochen hatte, trotzdem die rechte Hand – deren
Daumen auf dem Tisch ruht, während die Finger graziös in der
Luft spielen – sehr gelitten hat und *äußerlich* genommen wenig
hervortritt. Die Handbewegung spricht resigniert: ›ja, es ist nun
mal so; ich weiß es; ich *muß* es tragen und ich werd es.‹«

Über die Kirche Santa Maria della Grazie selbst, die auch ihrer-
seits in ihrer Mischung von Gotik und Renaissance sowie namentlich durch die feine und zugleich kühne Behandlung des
Backsteins von Interesse ist, schweig ich.

Ich ließ nun meinen Kutscher eine zweite Stunde, die ohnehin

schon angebrochen war, in Stadt und nächster Umgebung um-
herfahren, sah die Promenade, den großen Exerzierplatz, die
Bersaglieri-Kaserne (daran angrenzend die Überreste eines alten
Visconti-Schlosses), den Arco della Pace, das Garibaldi- und das
Neue Tor, die »öffentlichen Gärten« mit ihrem zoologischen
Anhängsel und landete endlich bei der *Brera*, einem berühmten
Gebäude, in dem sich Gemälde- und Skulpturen-Sammlung, Ar-
chiv und Bibliothek vereinigt finden. Nur in die Gemälde-
Sammlung ging ich. Sie ist, Gott sei Dank, nicht groß und umfaßt
etwa 800 Bilder in dreizehn Zimmern. Das siebente Zimmer, an
und für sich klein und unscheinbar, ist das Hauptzimmer. Hier
befindet sich das Bild Raffaels, das, die Vermählung Marias und
Josephs darstellend, unter dem Namen »Sposaligio« so berühmt
geworden ist. Es ist entzückend, dabei merkwürdig gut erhalten.
Auch in dieser ganz äußerlichen Beziehung ist viel Kunst verlorengegangen. In demselben siebenten Zimmer hängt auch die
Farbenskizze Leonardos zu seinem Christuskopfe auf dem
Abendmahlsbilde in Sta Maria della Grazie. Noch einmal zitiere
ich hier meine an Ort und Stelle gemachten Aufzeichnungen.
»Diese Skizze weicht von dem, was das große Bild bietet, *sehr* ab,
so sehr, daß es mir fraglich erscheint, ob es überhaupt die Skizze
dazu ist. Nicht nur der Ausdruck des Kopfes ist anders, sondern
auch die *Haltung* desselben. Auf dem Freskobilde gibt sich der
Kopf ziemlich senkrecht, hier auf der Skizze neigt er sich, vom
Beschauer aus, nach rechts. Mir ist der Kopf des großen Bildes
lieber; die Skizze wirkt ein wenig trübselig und weinerlich, während die verklärte Resignation jenes erstren nicht nur viel schöner und größer ist, sondern auch zu dem wichtigen und aus-
drucksvollen Händespiel mehr paßt. Was die Skizze gibt, würde
gar nicht dazu passen.«
    Im Zimmer daneben, 8. Saal, befindet sich eine wundervolle
»Pietà« von *Mantegna*. Ein höchst merkwürdiges Bild. Christi
Leichnam liegt auf einem Stein oder Tisch, dem aber irgendeine

Rückenlehne gegeben ist. Maria, völlig Matrone, und eine andre Alte stehen weinend daneben. Alles in Temperafarben auf Leinwand. Der Kopf Christi, den man sozusagen vom Kinn aus sieht, so daß die Stirn fast verschwindet, ist erschütternd in seinem großartigen Ernst. Dazu welche technische Meisterschaft! Alles ist in der Verkürzung gemalt, so daß die Figur völlig verzwergt wirkt. Die Kunst ist aber so groß, daß das Häßliche, was an diesem Zwergentum haftet, ganz wegfällt. (Über einige andre Bilder der Brera siehe mein Notizbuch.)

Von der Brera schlenderte ich wieder nach dem Domplatz und der »Passage«. Ich nahm eine Tasse Kaffee und musterte die Details dieser mächtigen weitgespannten Halle. Auch die Fresken, die sie am Rande ihrer Kuppel (in Lünetten) hat, sind zum Teil geistvoll komponiert und gut ausgeführt. Ich gebe nichts drauf, wenn einige Klugschmuse vielleicht die Achseln drüber zucken. Es sind das meist solche, die sich nicht einmal die Mühe geben, die Dinge ernsthaft anzusehn und sich die Frage vorzulegen: »was wollte denn der Künstler eigentlich?« Alle Kunst ist schwer, und wer sie beurteilen will, muß durchaus die Teilnahme und den Respekt mitbringen, die aller ehrlichen Arbeit gebühren. Es sind die 4 Erdteile, die in ebenso vielen Frauengestalten dargestellt wurden. Eigentlich eine wenig lohnende Aufgabe. Die Welt liebt solche symbolisch-allegorischen Bilder nicht. Aber wie hübsch z. B. ist *Afrika* aufgefaßt! Pyramiden bilden nach links hin eine Art Hintergrund. In Front derselben thront eine ägyptische Königin, irgendeine Kleopatra, und empfängt den goldenen Tribut des Landes, den ihr ein schwarzer Nubier in goldenen Ährenbündeln darbringt. Die Farben wirken vorzüglich. Die drei andern sind weniger gelungen.[*]

Es war mittlerweile zwischen 3 und 4 geworden; ich ging in mein Hôtel zurück, um einen Augenblick zu ruhn und mich zum Diner umzukleiden. Das Hôtel ist sehr gut; anfangs etwas steif und wichtigtuerisch, nachträglich aber aufgetaut. Von der Finesse, die geübt wird, mag das eine eine Vorstellung geben, daß der Ort, der sonst einfach eine Null oder die Aufschrift »Hier« zu tragen pflegt, im Hôtel de la Ville auf blankgeputzter Messingtafel die Inschrift führt: »Jardin«. Oh, du Rosenflor von Charlottenhof!

Das Diner verlief gut, aber stumm, was das Beste ist. Die langweilige, für jedermann nur unerquickliche Sprecherei kommt ganz ab. Ein wirklicher Fortschritt.

Nach dem Essen fuhr ich in die Giardini publici hinaus, wo Militärmusik vom Regiment Prinz Amadäus war. Aber unser Franz-Regiment macht sie besser.

* *Europa* sitzt als Repräsentantin [der] *Monarchieen* da; sie trägt Krone & Szepter; neben ihr aber liegen, wie Geschmeide, sechs, sieben andre Kronen, was entweder einfach heißt: »ich habe *viel* davon« oder »ich fange an, mich dieses Geschmeides zu *entledigen*«. – *Amerika*, etwas schwach, ist durch einen neben ihr sitzenden mexik. Häuptling, *Asia,* eine märchenhaft träumerische Gestalt, durch einen huldigenden Chinesen repräsentiert. In den Einzelnheiten aber ist manches fein. Siehe Weiteres in meinem Notizbuch.

An Frau Emilie, Mailand, 11. August 1875

Außerhalb der »scharf vorgeschriebenen Touristen-Geleise«

Um 6 Uhr früh von Bellagio aus mit dem Dampfboot nach Lecco. Schon um 4 Uhr hatt ich mich herausgemacht. Der See war in dieser Frühe und Frische sehr schön. Der erste helle Schein fiel gerade auf die Bergspitzen [*Dazu am Ende der Seite ergänzt:* Die schönste dieser Spitzen, pic-artig, ist die des Monte Croce, dem Hôtel Grande Bretagne grade gegenüber.], als ich das Boot bestieg.

Während wir die »Punta di Bellagio« umfuhren, sah ich, von dem Punkte aus, der einen Blick in alle drei Arme des Sees gestattet, die ganze Schönheit desselben. Der Lecco-Arm, der sich zu dem Arm zwischen Como und Bellagio etwa so verhält wie das Urner Loch zu dem Vierwaldstätter-See, ist, nach meinem Geschmack, den übrigen u. berühmteren See-Partien durchaus ebenbürtig. Er ist unbeleckter von der Kultur, weniger reich an einfassenden Parks und Villen, was ihm aber durchaus kleidet. Er wirkt durch sein ursprünglicheres Gepräge auch charakteristischer.

Um 7½ waren wir in Lecco, einem betriebsamen kleinen Ort. Ich brachte mein Gepäck auf den Bahnhof und begab mich dann in die Stadt zurück, in den Lion d'or. Ich bereu es nicht, hier 4 Stunden bis zum Abgang des nächsten Zuges nach Desenzano warten zu müssen. Ein Zimmer hab ich natürlich nicht genommen, sondern sitze in dem in seiner Art entzückenden Albergo-Hofe, der, von allen Seiten eingefaßt, bemalt u. umrankt, im Erdgeschoß aus Küche, Ställen, Remisen und Torwegen, in Höhe des ersten Stocks aber aus Galerien besteht. Über diesen Galerien ist ein Leinwanddach ausgespannt, das die eine Hälfte des Hofes in Schatten hält, während auf der andern (ungeschützten) Hälfte die Sonne liegt. Unter dem Leinwanddach sitz ich nun mit andern Gästen und schreibe diese Zeilen. Topfgewächse und Kübel-Bäume: Kamelien, Oleander, Zypressen, bilden einen Honoratiorenplatz, einen salle à manger, in dem Kellner in langschößigen schwarzen Alpaca-Fracks an gedeckten u. ungedeckten Tischen geschäftig sind. Die Küchenfenster, nur sechs Schritt von mir, stehen offen und gestatten mir einen Blick auf die rußigen Wände und die weißbemützten Köche. Wieder empfind ich die außerordentliche Verwandtschaft zwischen dem italischen und dem böhmischen Leben. In Münchengrätz, Sobotka und Gitschin hab ich 1866 ganz Ähnliches gesehn. Zu gleicher Zeit drängt sich's mir auf, daß die Italianissimi unter unsern deutschen Künstlern und Musikern von *ihrem* Standpunkte aus gewiß recht haben, wenn

sie einen immer wieder beschwören: die großen Hôtels zu mei-
den und die nationalen Albergos aufzusuchen. Man wird billig,
freundlich und sehr gut bedient, lernt Volk und Landessitte kennen und kommt aus dem zuletzt langweilig werdenden, weil scharf
vorgeschriebenen Touristen-Geleise heraus. Alles sehr wahr.
Dieser Lion d'or ist im Grunde viel interessanter als das Hôtel
Grande Bretagne, von dem ich komme; nichtsdestoweniger geht
es nicht. Die fabelhaften Gerüche, die aus allen Poren eines solchen nationalen Gasthauses quellen, die »Örtlichkeiten« resp. die
»Jardins« (wie es in Mailand hieß), das beständige Gebundensein,
gleichsam mitzukochen und mitzubraten – schaffen Zustände, die
man in einem gewissen Alter und bei gewissen Verwöhnungen
auf die Dauer nicht ertragen kann. Dazu kommt, daß diese Albergos keineswegs immer diesem Lion d'or entsprechen; es finden
sich auch wahre Räuberhöhlen, und einmal dem ganzen Schreck-
nis von Knoblauch-Kotelettes und entsprechendem »Caffè« ver-
fallen, ist man auf 4 Wochen ruiniert. Nur unverwöhnte Mägen
und Nasen dürfen sich nationalen Studien hingeben.

Der Lion d'or gibt mir auch Gelegenheit, gleich noch eine Bemerkung einzuschalten, die sich mir, seitdem ich in Bellinzona
eintraf, beinah allstündlich aufgedrängt hat. Das nord-italische
Volk ist doch sehr anders als das römische und neapolitanische.
Bis jetzt bin ich nur einem gesitteten, wohlanständigen und
durchaus unbettelhaften Wesen begegnet. *Wirklich* ein Kulturvolk.
Artig, lebhaft, intelligent; geschäftlich exakt, weder Betrug noch
Unverschämtheit, am wenigsten die berühmte Mischung von
beiden. In Rom stört mich ein Dünkel, für den ich kein rechtes
Fundament finden konnte; die niedren Neapolitaner aber sind
einfach Gesindel.

Abfahrt von Lecco um 11½ Uhr. Zunächst bis Bergamo, von
wo man auf die große Linie Mailand – Verona, Venedig übergeht.

An Frau Emilie, Lecco, 14. August 1875

Ertragreicher Kurzbesuch in Bergamo

Das war gestern ein reicher Tag. Die Stunden teilten sich wie folgt:

Um 4 Uhr auf.

Um 6 Abfahrt von Bellagio bis Lecco. Ankunft 7½.

Von 7½ bis 11½ im Lion d'or zu Lecco.

Um 11½ Abfahrt nach Bergamo. Ankunft 1 Uhr.

Von 1 bis 2¼ in Bergamo.

Um 2¼ von Bergamo über Brescia bis Desenzano, Ankunft 4 Uhr.

Um 4¼ von Desenzano nach Riva über den Garda-See. Ankunft 8½.

Für *Bergamo* hatt ich nur eine Stunde, wovon ¾ Stunden auf die Fahrt, ¼ Stunde auf das Sehen kam. Dennoch bezwang ich es, da alle Sehenswürdigkeiten der Stadt, wenn man erst den Marktplatz, die jetzige Piazza Garibaldi, erreicht hat, hart nebeneinander liegen. So glückte es mir, mich ausreichend zu orientieren und die Hauptsachen im Bilde mit heimzunehmen. Bergamo zerfällt in eine alte und neue oder in eine obere und untere Stadt. Jene heißt die »Città«, diese Borgo S. Leonardo. Zwischen beiden, wie ein Zirkel das Mauerwerk der alten Stadt einfassend, eine Gartenstraße, aber nur von einem gewissen Vorstadtcharakter. Den Mittelpunkt der »Città« vom Bahnhof zu erreichen währt, selbst im leichten Wagen, eine halbe Stunde. Der ansteigende Weg ist aber sehr schön, ebenso durch seine prächtige Kastanien-Allee wie durch den Blick, den er in die reiche, zum Teil parkartige lombardische Landschaft gönnt. Die Altstadt selbst macht den entgegengesetzten Eindruck; alles sieht nach Armut aus. Vor einem Café-Haus, das mir der Kutscher als ein gutes bezeichnete (seiner Lage nach auch sein mußte) ließ ich halten, um einen »Wermuth mit Wasser« zu nehmen. Aber das Lokal sah kümmerlicher aus wie eine Bierstube in Zehdenick oder Gransee.

Nun waren wir endlich am Marktplatz (Piazza Garibaldi). Der Kirchenplatz, auf dem der Dom und S. Maria Maggiore liegen, schließt sich, nur durch den Palazzo vecchio oder Broletto getrennt, unmittelbar an den Marktplatz an, so daß das Ganze folgendes Bild gibt: [folgt Skizze]

    a. Palazzo nuovo, Fassade unfertig. Sitz der Munizipalität.

    b. Palazzo vecchio oder Broletto, trennt die beiden Plätze

    c. Der Dom

    d. u. e. Santa Maria Maggiore mit der Kapelle Colleoni.

Vom Palazzo nuovo ist nichts zu sagen. Der »Broletto« ist eins jener vielen mittelalterlichen Gebäude und Paläste, die beim Besuch italienischer Städte immer wieder zur Bewunderung jener großen und erfindungsreichen Architektur-Epoche anregen. Der Broletto, trotz Verschiedenheit von Farbe und Material (er ist aus Haustein), erinnert ein weniges an den Palazzo della Ragione in Mailand, dann wieder an die Loggia dei Lanzi in Florenz, wenn diese noch ein Obergeschoß trüge. Unten gotische Halle, darüber irgendein Versammlungssaal, das ist das Prinzip. Aber bei aller Verwandtschaft immer neugestaltet treten einem diese Dinge entgegen. An diesem »Broletto« soll ein Standbild Torquato Tassos stehn; ist mir leider entgangen.

Durch die offne Halle des »Broletto« tritt man auf den Kirchenplatz. Die Kirchen, einschließlich der Capella Colleoni, stehen hier so: [folgt Skizze]

    a. Der Dom (seine Form konnt ich nicht sehn)

    b. S. Maria Maggiore

    c. Capella Colleoni (diese schiebt sich aber, *ohne* Zwischenraum, in den Winkel von S. Maria hinein).

Dom und S. Maria Maggiore, wiewohl es von jenem heißt »modernes Gebäude« und von dieser »romanische Kirche aus dem Jahre 1173«, wirken ganz gleich; ja S. Maria womöglich noch moderner. Natürlich. Das Neue wird in alten Formen gebaut, und das Alte wird in seinem Kleid beständig modernisiert. Im Dom ist eine reiche Kapelle, die »Christus-Kapelle«, mit vielen Fresken in der Doppelkuppel. Interessanter ist S. Maria Maggiore. An überaus reicher, namentlich auch *farben*reicher Ausschmückung übertrifft S. Maria Maggiore »la *prima* chiesa della città« (wie der Küster sagte) den Dom bei weitem. Die eingelegten Holzarbeiten (Intarsien) von Fra Damiano sind entzückend. Die 4, die ich sah, stellen dar: Arche, Pharao und das Rote Meer, Judith u. Holofernes, David u. Goliath. Ob die Kompositionen wertvoll sind, stehe dahin; ich hatte keine Zeit zu genaurer Musterung. Nur von einem gewissen, kunsthandwerklichen, nur die Gefälligkeit der Dinge ins Auge fassenden Standpunkt aus ist jedes einzelne Blatt anmutend. Man möcht es besitzen, an den schönen Farben, braun und gelb, sich erfreuen. Die Kirche ist an großen Bildern reich; mein Auge flog nur drüber hin, der Wert einzelner war aber unverkennbar. In einer Ecke von Haupt- und Querschiff ist dem in Bergamo geborenen Donizetti († 1848) ein Marmor-Denkmal errichtet. In seiner Art sehr bemerkenswert. Die Muse des Gesanges und der Musik, gleichviel welche, trauert; ihr zu Füßen, in Flachrelief, der Porträtkopf Donizettis; am Sockel ein breiter Fries, der die Hauptsache ist. Es sind 6 oder 8 Genien, von denen namentlich 4 mich fesselten. Zwei dieser Genien weinen bitterlich, wie betrübte Kinder, denen ihr Vogel weggeflogen ist, zwei andre machen sich mit ihrer Leier, wie mit einem Spielzeug, auf das sie ärgerlich sind, zu schaffen. Der eine hat die Leier erhoben, um sie zornig zu Boden zu werfen, der zweite stößt die seine bereits mit dem Fuß. »Was sollen wir noch damit? es verlohnt sich nicht mehr; *er* ist tot.« All dies hat etwas durchaus Komisches, zum Lachen Reizendes und paßt insofern nicht auf ein Denkmal, das einen Gestorbenen feiern soll. Aber wozu wären die Ausnahmen? Der Donizetti-Fall scheint mir ein solcher. Der Maestro wird selbst als ein heitres, gelegentlich betrübtes oder schmollendes Kind geschildert, voll Liebenswürdigkeit, aber *ohne alle Größe*, so daß mit Rücksicht auf seine spezielle Natur und Begabung diese Art der Huldigung schon gewählt werden durfte.

Sehr interessant ist die Capella Colleoni. [*Danach gestrichen:* Pietsch hat ausführlich drüber berichtet. Ich kann später seinen Artikel hier einkleben.] Es scheint, daß man sowohl die Kapelle wie ihren Inhalt schön findet. *Ich* kann es nicht. Der Bau ist bunt und langweilig, nach meinem Geschmack beinah unschön; ich habe für *diese* Renaissance-Formen gar kein Organ. [*Danach gestrichen:* Überhaupt für die Renaissance nur in ihren besten Nummern ein liking.] Das Grabmal Colleonis selbst teilt in meinen Augen das Schicksal der Kapelle. Der vergoldete Reiter ist an der Grenze des Ridikülen; jedenfalls verhält er sich zu dem Colleoni in Venedig bloß wie ein Pfefferkuchenmann. Viel ansprechender ist an der Linkswand daneben das Grabmonument seiner Tochter. Es scheint eine feine Arbeit, in einer gewissen magren Askese wie etwas sehr Durchgeistigtes wirkend. In dem kleinen Chor der Kapelle, wo auch der Altar ist, befindet sich ein Bild von Angelika Kauffmann. Eine Maria (ich glaube auch Joseph neben ihr) glücklich lächelnd über das Spiel des Jesus- und der Johannes-Kinder. Natürlich nichts Größtes, Produkt des 18. Jahrhunderts, aber mit Rücksicht auf die Zeit *sehr* hübsch.

An Frau Emilie, Riva, 15. August 1875

Freundliche Einladung

Ich habe Dir nun noch einen Vorschlag zu machen, worauf Du nicht mit nein antworten darfst. Ich reise morgen abend nach Pisa und übermorgen abend (20.) nach Bologna. Am 21. und 22. bin ich in Bologna, am 23. in Padua, am 24. in Verona, am 25. in Innsbruck, am 26. in Reichenhall. Dort (oder in Berchtesgaden) will ich noch eine Woche bleiben und bitt ich Dich, mit Meten auf eine Woche oder länger, je nachdem das Geld reicht, hinzukommen. Ich habe etwa 100 Taler gespart, die, selbst wenn Mete den vollen Preis bezahlen muß, noch nicht voll draufgehen. Vielleicht könnt Ihr ein Billet I. Klasse nehmen und II. Klasse fahren. Oder Ihr fahrt (wie Grimms) III. Klasse. Durch diese Winke will ich es Dir nur erleichtern. Es reicht auch, wenn Ihr 2 Billets zweiter nehmt. Glaubst Du aber, daß Mete, teils der Schule, teils der Kosten halber, besser zu Hause bleibt, so komm allein und sprich in diesem Fall gar nicht über die Chancen, die sie gehabt hat. Ich würde mich aber freuen, Euch beide zu sehen. Es ist mir wie ein Zuspruch, Dich an der Schönheit dieser Reise auch mit teilnehmen zu sehen. Betracht es als vorweggenommene silberne Hochzeitsreise. Ich könnte auch Dresden und Schandau vorschlagen; ist Dir dies lieber, so schreib es mir nach Padua. Halte aber lieber Reichenhall fest; nicht nur, daß es soviel schöner ist, es ist auch aufenthaltlich, namentlich wenn wir Grimms treffen, so viel billiger, daß die Reise-Mehrkosten wieder ausgeglichen werden.

An Frau Emilie, o. O., 18. August 1875; Fragment

Aus den Tagebüchern

Um 8 Uhr abends Abreise aus Berlin, und zwar in einem »Closet-Coupé«. Fabelhaft; urdeutsch; barbarisch. Gesellschaft mäßig: eine Bourgeois-Familie (Krüger, Schwager von Prediger Roland) und ein reicher, von Rheumatismus gelähmter Rentier aus Lichterfelde. Durchschnittsgeplauder.

Mittwoch d. 4. August

Ankunft in Frankfurt 7½ Uhr früh. Gleich weiter über Darmstadt, Heidelberg, Karlsruhe, Rastatt, Oos (Baden-Baden) nach Freiburg. Ankunft 2½. Von Pinchen und Frau Greve empfangen. Nach Gartenstraße 4. Vier Stunden geplaudert. Wegen schlechten Wetters den Dom nicht besucht. Man sieht aber Turm und Fassade, mit Hilfe einer breiten Avenue, die von der Eisenbahnstraße aus bis zum Dom führt, sehr gut. In der Eisenbahnstraße sind Hôtels; eins (zum Zähringer Löwen) groß und elegant. – Erst um 10¼, infolge einer Zugverspätung, Ankunft in Basel. Abgestiegen im »Storch«. Mäßig. Alles im Zustande eines gewissen Urmuffs. Übrigens gut geschlafen.

Donnerstag d. 5.

Brief an Emilie geschrieben, dann dem ewigen Regen vom Fenster aus zugesehn. Kein großes Vergnügen; dem norddeutschen Landregen sehr ähnlich. Um 4½ Uhr Abfahrt nach Neuhausen. Also. Abfahrt um 4½ nach Neuhausen. Reizende Fahrt am Rhein hin. Erst Rheinfelden (ich glaube der Ort, wo Kaiser Albrecht ermordet wurde), dann Säckingen, dann Laufenburg, eine Art Vor-

oder Nachspiel des Schaffhausener Rheinfalls. Etwa um 7 Uhr Ankunft im *Schweizer-Hof* bei Neuhausen; schönes, großes, fast ausschließlich von Engländern besuchtes Hôtel in Front des Rheinfalls. Dieser ist außerordentlich schön, meine Erwartungen weit übertreffend. Abends Spaziergang nach Neuhausen hinein, um noch die Brücke, unmittelbar im Rücken des Falls, zu erreichen; auf Rat einiger Neuhausener aber, die mir einen accident prophezeiten, umgekehrt. Soupiert. Die engl. Gesellschaft sehr angenehm, aber etwas fatigiert; die deutschen Elemente höchst traurig.

Freitag d. 6.

Ziemlich früh auf. Der Rhein fällt immer noch. Frühstück. An Emilie geschrieben. Um 11 Abfahrt nach Konstanz; die Fahrt am Unter-See und der Mainau (?) hin, sehr anmutig.

Die Lage von Konstanz, an dem breiten, prächtigen See, brillant. In die Stadt hinein. Das Rathaus mit Fresken. Denkmal für die 1870 in den Krieg gezogenen Konstanzer, etwa 100, davon 6 gefallen. Am interessantesten das alte »Kaufhaus« hart am See, drin die Kardinäle den Hus verurteilten. Der betr. alte Saal jetzt mit Fresken von Friedrich Pecht geschmückt. – Um 1½ Abfahrt von Konstanz; über Romanshorn und Rorschach nach Ragaz. In Romanshorn Dr. Hoepner und Familie getroffen. Gegen 6 in Ragaz. In Hof-Ragaz Wohnung genommen, und zwar im »Chalet de l'Imperatrice« (weil Kaiserin Eugenie eben drin gewohnt hatte). Die Tamina brauste an meinem Fenster vorbei. Geh. Rat v. Wangenheim begrüßte mich. Eine Stunde später zum Souper. Frau v. W. und Frl. Elsy von alter Liebenswürdigkeit. Noch zugegen von alten und neuen Bekannten: Professor Steinle und Tochter aus Frankfurt a. M., Oberst v. Hahnke und Frau, Herr v. Reichlin (früher badischer Abgeordneter oder Reichstagsmitglied) und Frau, Justizrat Adolf Staegemann und Frau, Johannes Scherr und Frau, Herr v. Treskow-Friedrichsfelde und Frau, geb. Gräfin Haeseler. Mit diesen allen hatt ich Konversation zu machen. Außerdem zugegen: Dr. v. Steinrück mit Familie und viele andre Berliner. Von sonstigen Berühmtheiten: Kardinal Hohenlohe. – Nach dem Souper in mein Chalet; bald zu Bett. Nicht recht wohl; mäßig geschlafen.

Sonnabend den 7. August

Erst um 9 zum Frühstück mit Wangenheims. Um 10 mit Geh. R. v. W. Fahrt nach *Pfäffers*, Besuch des Bades und der Tamina-Schlucht. *Sehr* großartig; unvergeßlich. Um 12 wieder in Ragaz. Herr v. W. zu Tisch; ich in mein Zimmer. An Emilie geschrieben (*dritter* Brief). Spaziergang in die Berge. Auf dem »Buel« Kaffe getrunken: Wangenheims, Steinles, Reichlins. Um 6 wieder in Ragaz. Gepackt. Um 7½ zum Souper. Um 8½ Abfahrt nach Chur; um 9½ Ankunft in Chur. Abgestiegen im Steinbock.

Sonntag d. 8.

Um 4¾ Uhr Abfahrt aus Chur. Thusis. Via mala (wundervoll), bis Dorf Splügen. Mittagbrot. Fahrt über den Bernardin. Oben Wasserscheide zwischen Rhein und Moesa. Städtchen San Bernardino. Reizende Fahrt bergabwärts von San Bernardino (Bade-ort) bis Mesocco oder so ähnlich. Italien beginnt. Noch durch eine Reihe von Ortschaften. Zuletzt Bellinzona an der Ausmündung des Gebirgstales und in Nähe des Lago Maggiore Quartier genommen im »Engel«, billig und gut.

Montag d. 9.

Um 9 Uhr Abfahrt von Bellinzona (per Eisenbahn) nach Locarno. Hier aufs Dampfschiff. Fahrt über den Lago Maggiore bis Arona. Von hier per Bahn nach Mailand. Ankunft 7 Uhr. Vorher an *Somma* (die Hannibal-Schlacht am Tessino) und an

Lengano vorüber. Quartier genommen im Hôtel de la Ville; gut und teuer. Flaniert. Domplatz, »Passage«, Piazza della Scala.

Dienstag d. 10.

Auf der Post. Kein Brief. Flaniert. Domplatz, »Passage« (Galeria Vittore Emanuele), Piazza della Scala, Piazza dei Marcanti. 2 Stunden gefahren. Erst nach St. Maria della Grazie; Leonardos Abendmahlsbild im Refektorium. Auch die Kirche interessant. Promenadenfahrt, Exerzierplatz, Bersaglieri-Kaserne (altes Visconti-Schloß), Arco della Pace, Giardini publici, Statue *Cavours* beim Hôtel Cavour. Die Geschichte schreibt seinen Namen in Stein. *Brera*. Gemäldesammlung. Sposalizio, Farbenskizze zum Christuskopf auf dem Abendmahlsbild, Schweißtuch der heiligen Veronica von Guercino, ein kostbarer Velasquez, ein Gentile Bellini (San Marcus predigt in Alexandrien), alles sehr schön. Auf den Domplatz zurück. Flaniert. Kaffehäuser abgesucht. Ins Hôtel. Zum Diner. In die »Giardini publici«. Militär-Musik vom Regiment Prinz Amadeus. Nach Haus.

Mittwoch d. 11.

Auf die Post. Brief von Emilie. Leider sehr verstimmt; ich als unschuldiger Schuldiger oder auch umgekehrt. Flaniert. Piazza dei *Mercanti* genauer angesehn. Sehr interessant. Das Ganze ist so: [Folgt Fontanes Planskizze der Innenstadt]. Diese Zeichnung ist nur sehr ohngefähr zutreffend; der Zusammenhang des Domplatzes mit der Piazza dei Mercanti ist nicht *so* unmittelbar. Es verschiebt sich mehr. Auch sind die Einfassungslinien des Domplatzes anders. Manches steht schräg. Trotzdem reicht es aus.

Der Palazzo della Ragione, von Podestà Tresseno von 1228–33 erbaut, ist sehr interessant. Jetzt unten Kornbörse, oben Archiv. Relief und Inschrift. Überall in Oberitalien begegnet man Anklängen an den Orient, an das Sarazenische, das via Venedig ins Land kam. So der alte Corte Reale in Mantua. Hier dieser Palazzo della Ragione. Alles ziemlich heller Backstein. Unverkennbare Anklänge an den Dogenpalast. Alle diese Bauten sind außerordentlich schön, groß und phantastisch zugleich, voll poetischen Zaubers. Die Renaissance-Bauten aus der Mitte des 17. Jahrhunderts, die danebenstehn, sind einfach langweilig; zugleich auch unschön überladen. Das architektonisch Beste, was ich von Palastbauten glaube gesehn zu haben, sind die alten florentinischen Paläste (vor allem Strozzi) und diese sarazenisch oder doch dogenpalastlich-anklingenden Bauten. Die Renaissance ist *nicht* immer schön. Auch von ihr wird sich die Welt wieder erholen. Alles Modesache.

Ins Hôtel. Langen Brief geschrieben. Zum Diner. In den Straßen flaniert; in der Passage Eis gegessen; nach Haus. Geschrieben.

Donnerstag d. 12.

Auf die Post. Zweiter Brief von Emilie. Derselbe trostlose Ton; schmeckt alles wie Tinte. Frühstück in der Passage. In den Dom. Mächtig und von bedeutender Wirkung, aber allerdings ein wenig überladen; die durchbrochene Arbeit (oder doch so gemalt) in den Gewölbekappen ist zu viel, macht unruhig, ebenso die Marmorstatuen, die entweder die Oberfläche des Kapitells *bilden* oder es krönen. Das Interessanteste ist die Kryptkapelle und die Begräbnisstätte des heiligen Carl von Borromäus. –

Aus dem Dom nach Haus. Einige Zeilen geschrieben. Gepackt. Rechnung nicht übertrieben hoch. Um 12½ aus dem Hôtel. Um 1 Abfahrt nach Como. Ankunft gegen 3. Aufs Dampfschiff. Gegen 3½ Abfahrt von Como, gegen 5½ Ankunft in Bellagio. Der See wirkt anfänglich sehr ähnlich wie der Lago Maggiore. Von Capo Lavedo an (oder, da die Leute hier diesen Namen, den Baedeker gibt, nicht kennen, von Villa Balbianello an) wird es aber schön und ist diese ganze Stelle bis über Bellagio hinaus wohl dem Lago

Maggiore vorzuziehn. – Auf der Landungsbrücke den jungen Lessing getroffen. Mit ihm ins Hôtel Grand Bretagne. Zimmer nebeneinander genommen. Um 6½ zum Diner. Oberst v. Hahnke und Herr v. Kotze auch zugegen; aber gegenseitig keine Notiz voneinander genommen. Flaniert. Geplaudert.

Freitag d. 13. August

Durch ein starkes Gewitter ziemlich früh geweckt. Gemeinschaftliches Frühstück. Dann ein Boot genommen; gemeinschaftliche Besichtigung der Villa *Melzi*; hier trennen wir uns. Er (Lessing) kehrt über Lugano in die Schweiz zurück; ich, im Boot, zunächst nach Villa Carlotta, dann ins Hôtel zurück. – Geschrieben. Zum Diner. Versuch, Villa Serbelloni zu erreichen, um von dort aus über alle drei Arme des Comer-Sees einen Blick zu gewinnen; aber den Weg verfehlt. Müde und erhitzt in das Hôtel zurück. Alles zur Abreise arrangiert.

Sonnabend d. 14. August

Um 4 Uhr auf; um 5 am Landungsplatz des Dampfschiffes; um 6 mit dem Schiff nach Lecco. Dieser Seearm, weil er an seinen Ufern natürlicher, ungeleckter ist als die andern, gefällt mir fast am besten. Um 7½ in Lecco. Sachen auf den Bahnhof gebracht. Dann in den Lion d'or, um daselbst 4 Stunden bis zum Abgang des Zuges abzusitzen. Um 11½ nach *Bergamo*. In einer Stunde, mit Hilfe eines guten Kutschers, die Stadt abgesucht: Palazzo vecchio, Broletto, Dom, S. Maria Maggiore, Capella des Colleoni. Um 2¼ über Brescia nach Desenzano am Garda-See. Um 4¼ Abfahrt, um 8¾ Ankunft in Riva. Der See weitaus der schönste. Riva entzückend gelegen, der ganze Moment sehr schön. Im Freien, am See, soupiert. Lauben, Lampen, Lichter und – Luna darüber. In einem Prachtzimmer geschlafen, das immer die Passanten erhalten, auch die kleinen Nummern, um einen guten Eindruck mit nach Hause zu nehmen.

Sonntag d. 15. August

Ziemlich früh auf. In den Lauben am See gefrühstückt. Die Schattenseite von Riva kennengelernt: seine Sonne. Das ist gut für die Limonen-Zucht, aber nicht für den Komfort. Man verkommt hier vor Hitze. Nur so erklärt es sich, daß der See und diese seine berühmteste (keineswegs seine schönste) Stelle so wenig in Aufnahme ist. Engländer gar nicht. Dies ist sehr charakteristisch. Man begegnet ihnen nur, wo alles mollig ist.

(Fortsetzung im nächsten Buch.)

Sonntag d. 15. (Riva, Fortsetzung)

Um 11½ Abfahrt aus Riva; zurück über den Garda-See bis Peschiera. Nach wenigen Minuten Abfahrt nach Verona. Hier anderthalb Stunden Zeit. Einen Imbiß genommen. Gegen 7 Abfahrt nach *Mantua*; Ankunft 8 ½. Abgestiegen im Albergo Croce verde. Echt italienisches Gasthaus; mehr Ausspannung als Hôtel. Scheußliche Mücken-Nacht.

Montag, den 16. August

Früh auf. Frühstück in einem benachbarten Café genommen. Mit Rücksicht auf Mantua gut genug. Einen Fiacre genommen, leider ohne zu akkordieren (Baedeker müßte dies hervorheben; nur ausnahmsweise haben sie einen »Tarif« und richten sich danach), infolgedessen ich das Opfer einer unverschämten Prellerei wurde. Für 4 Stunden – von denen er höchstens *eine* gefahren – statt 5–6 Franken *zwölf*. Die Antwort des frechen Hundes blieb: »Io ho no tarifa!« Es ist wie bei uns; sowie ein Unglücklicher von der großen Hôtel-Straße herunter ist, will sich jeder Werneuchner oder Alt-Landsberger in 5 Minuten an ihm bereichern. Aber vorüber!

Zuerst in den *Palazzo del Té*. Bau Giulio Romanos für einen Gonzaga-Herzog. Einfaches Viereck; inmitten ein grasbewachsener, vielleicht auch mit einigen Blumen bestandener Hof; ein Stück Garten anschließend, dann Park. Etwa so: [Folgt Skizze Fontanes.] Nach innen zu sind zwei Hallen, die einen Blick auf den Hof gönnen; nach außen eine Halle, die den Blick in den Garten gestattet. Der Bau selbst nur Erdgeschoß und wenig hoher Erster Stock, stellenweis rustica-artig beworfen, einige Ornamente, alles schüttgelb gestrichen. Macht auf den ersten Blick einen miserablen Eindruck. Wenn einem dann gesagt wird, daß er von Giulio Romano sei, so findet man die Proportionen schön; aber *mehr* ist nicht zu bewilligen.

[...]

In San Andrea, wenn ich nicht irre, suchte ich *Mantegnas* Grabmal; es war aber nicht zu finden, auch kein Kustode zugegen. Einige alte Mantuaner, die ich fragte, wußten von nichts.

Um Mittag von Mantua nach *Modena*. Viel Interessantes gefunden. [...]

Etwa um 6½ nach *Parma*; um 9 daselbst eingetroffen; abgestiegen im Albergo della Posta. Alles ziemlich gut. Freundliche Wirte.

Dienstag den 17. August

Ziemlich früh auf in Parma. Frühstück auf dem Zimmer. An die Chevalière einige Zeilen zum Geburtstag geschrieben.

In die Stadt. Freundlich, gefällig wie Modena; alle diese kleinen Residenzstädte sind zwar ebenso arm wie die andern, aber polierter, umgänglicher und haben meist einige gute Kneipen, wo »Adel und Militär« seinerzeit verkehrte.

Wie Mantua – von Mantegna abgesehn – der Ort des Giulio Romano ist, so Parma des *Correggio*. Die Kirchen, die »Galeria« im Palazzo ducale und das zu S. Paolo gehörige Kloster weisen wahre Schätze auf. [...]

Gegen 3 Abfahrt nach Genua, Ankunft gegen 10. Abgestiegen im Hôtel de la Ville. Schönes Zimmer, ganz wie im Hôtel Washington in Neapel.

Mittwoch d. 18. August

Fahrt nach dem Molo vecchio, dann durch die Hauptstraßen der Stadt: San Lorenzo, Carlo Felice, Via nuova und novissima. In Via nuova die Paläste besichtigt, namentlich den Palazzo del Municipio (früher Doria Tursi) und den Palazzo Brignole-Sale, auch Palazzo *rosso* genannt. Die ganze Via nuova, wie auch die mehr dem Bahnhof zu gelegene Via Balbi, besteht aus Palästen; mit 3 Ausnahmen: P. del Municipio, P. Brignole-Sale und Balbi, haben sie mir aber alle nicht sonderlich gefallen. Sie rühren vielfach von demselben Architekten her und wirken wie die Wrenschen Bauten (nur weniger talentvoll) oder die modernen gotischen Kirchen in London, die aussehn wie dutzendweis aus der Schachtel genommen. Dabei find ich das *Original*-Rezept zu diesen Genuesischen Palästen nicht mal gut, so daß es nicht bloß die *Wiederholung* ist, was diesen Arbeiten den Reiz nimmt. [...]

Mittwoch d. 18. August (*Genua*. Fortsetzung)

Der Palazzo Balbi ist wohl der schönste; Palazzo rosso wirkt nur originell durch seinen roten Anstrich; Palazzo del Municipio ist sehr hübsch, durch die Art, wie die Flanken-Anlagen sind. Der Palast steht hoch, auf einem 15–20 Fuß hohen Unterbau; dieser Unterbau trägt nun nicht bloß den Palast, sondern auch rechts und links daneben Kolonnaden, Gartenanlagen, Treppen, Springbrunnen, was sich inmitten einer raumbeengten Straße und mit Hilfe des Unterbaus (wodurch es eine Art fliegender Garten wird) sehr gut ausnimmt. In einem dieser Gärten oder doch in einem angrenzenden, gleichgearteten Gartenstück befindet sich ein gutes Café-Restaurant, wohl das erste der Stadt.

Der *Palazzo rosso* (Brignole-Sale) enthält eine sehr gute Bildergalerie, in der sich namentlich vorzügliche Guido Renis und Van Dycks befinden.

Von Palazzo rosso nach dem Hôtel zurück. Briefe geschrieben. Zur Table d'hôte. Nach dem Diner Fahrt nach dem *Columbusplatz* am Bahnhof, nach Palazzo Doria, dem Molo nuovo (mit Porta nuova und vecchia) und der großen »Lanterna« (Leuchtturm). Zurück zum Hôtel. Gang durch die Stadt. Café *Rossini* an der Piazza della Fontana Morose. Nach Haus.

Donnerstag d. 19. August

Früh auf. Frühstück im Café Rossini. Die benachbarten Kirchen San Lorenzo und San Ambrogio, dann San Stephano besucht. Die beiden letztern, besonders San Ambrogio, enthalten gute Bilder von Guido Reni und Giulio Romano.

Hierauf nochmals Fahrt durch Via Balbi, am Columbusplatz vorbei, bis zum Palazzo Doria etc., um die Stelle an der Darsena reale (oder so ähnlich) zu entdecken, wo Fiesco ertrank. Diese Stelle liegt ungefähr halben Wegs zwischen dem Palazzo Doria und dem Hôtel de la Ville, in welchem ich wohnte. Wo sich das Thomas-Tor befindet, durch das Fiesco eindrang, hab ich nicht erfahren. Vielleicht ist es die Porta vecchia, die zwischen dem Palazzo Doria und der Lanterna liegt. Heyden wird dies vielleicht wissen. Ins Hôtel. Geschrieben.

Etwa um 1½ Abfahrt nach Spezzia und Pisa. Spezzia ist halber Weg; man fährt am Meere hin oder passiert Tunnel. Alles in allem wird man ziemlich ebensolange im Tunnel-Dunkel wie im Freien fahren. An einem heißen Tage ist diese beständige Keller-Erfrischung sehr angenehm. Von Spezzia aus biegt die Bahn ein wenig landeinwärts, so daß man das Meer nicht mehr sieht. Am Apennin hin geht die Fahrt, ziemlich ähnlich der Fahrt von Florenz bis Foligno. Bedeutende Höhenzüge mit Städten und

Schlössern gekrönt. Sehr brillant nehmen sich Carrara und Massa aus, an denen man ziemlich dicht vorüberkommt. Das Bild ist an beiden Stellen verwandt: die Vorberge tun sich an einer bestimmten Stelle torartig auf, und mit Hilfe dieses Tors wird eine weiter zurückgelegene, höhere, mächtigere Felspartie sichtbar. Diese Felspartie besteht aus Kalkstein, und in diesem Kalkstein steckt der Marmor. Das Bild, das Massa gewährt, ist schöner als das von Carrara. – Bei guter Zeit, etwa um 8, traf ich in *Pisa* ein, nachdem ich schon vorher den Dom, das Baptisterium und den »schiefen Turm« hatte begrüßen können. Ich nahm Quartier in dem angenehmen und empfehlenswerten Hôtel Lungarno, das in erster Reihe *Restaurant* ist, ganz wie das Hôtel Bauer in Venedig.

Freitag d. 20. August

Früh auf. Frühstück im Restaurant. Fahrt durch die Stadt – die, wenigstens am Arno hin, ganz an Florenz erinnert – nach dem nebeneinander gelegenen Komplex berühmter Baulichkeiten: Dom, Baptisterium, Campanile (schiefer Turm) und Campo Santo. [Folgt Fontanes Skizze davon.] Das Ganze wirkt öde und großartig zugleich, etwa wie Sphinxe, die sich plötzlich aus der Wüste erheben. Kahl, sonnig, schattenlos liegt der weite Platz am Rande der Stadt da und auf ihm diese Bauten. Daß sie durch Schönheit sofort den Sinn gefangennähmen, kann man nicht sagen. Es wirkt groß, eigenartig, wundersam, aber nicht gerade wohltuend. Der Dom selbst ist schön, während der *»schiefe Turm«* den Eindruck eines Kuriosums, das *Campo Santo*, an den kahlen Außenwänden hin, den einer Reitschule, das Baptisterium, soweit seine *Kuppel* in Betracht kommt, den des beinah Häßlichen macht.

Im Innern wirken aber all diese Baulichkeiten sehr bedeutend, jede auf ihre Weise. Der Dom ist schön, innerlich wie äußerlich, dazu durch eine Fülle von Kunstschätzen sehr interessant. Das

Campo Santo bietet den Stoff für wochenlanges Studium; einzelne seiner Fresken sind durch innerlichen Gehalt ersten Ranges. Die Größten haben eine Anlehnung an das hier Gebotene nicht verschmäht. Den Campanile bestieg ich nicht. Er wirkt märchenhaft, aber doch zugleich auch, wie schon hervorgehoben, mehr oder minder als Kuriosum. – Ins Hôtel zurück. Dejeuner.

Abfahrt nach Pistoja (zwei Stunden Rast) und *Bologna*. Ankunft um Mitternacht. Abgestiegen im Hôtel Brun.

Sonnabend den 21. August

Frühstück im Hôtel. Auf die Piazza Vittorio Emanuele oder Piazza maggiore mit dem Palazzo Pubblico, dem Palazzo del Podestà und dem Portico de' Banchi.

Dann in die große Kirche San Petronio, ebenfalls an der Piazza Maggiore. Siehe Baedeker und meine daselbst angefügten Notizen. Von San Petronio, in langer Fahrt durch die Stadt, bis nach dem eine gute Viertelmeile vorm Tore gelegenen *Campo Santo* von Bologna. Die Kreuzgänge eines alten Klosterbaus, seitdem umgebaut und erweitert, wurden dazu benutzt. Es hat keine Spur von Ähnlichkeit mit dem Campo Santo in Pisa, jeder *Bilder*schmuck fehlt. Lange hallenartige Räume, die, rechtwinklig aufeinanderstehend, wieder große Vierecke mit einem Hofraum in der Mitte bilden, enthalten in dem breiten, kirchenschiffartigen Mittelgange die Gewölbe, in denen die Särge stehn, während rechts und links an den Wänden hin sich die Marmortafeln mit den Inschriften in langer, langer Reihe befinden. Nur mitunter werden diese Tafeln unterbrochen, und das Auge begegnet nun einem Marmormonument. Einzelne davon sind schön, andre mehr eigentümlich oder italienisch-naiv. Das schönste und zugleich wunderlichste ist das, das die *Enkel* Murats (Pepolis) ihrer Mutter, einer Tochter Murats, errichteten. Die Mutter ist Nebensache, und der Großvater: *roi* Murat, ist alles. So erhebt sich denn das pompöse Marmorbild dieses letztren (lebensgroß, in Husaren-Uniform) auf dem Grabe seiner Tochter. Ein wenig sonderbar. Menschliche Eitelkeit. Die Welt soll erfahren: unsre Mutter war *König* Murats Tochter. So denn *sein* Bildnis. Verzeihlich ist es insoweit, als den Anverwandten Murats keine rechte Gelegenheit anderweitig gegeben war, ihrem berühmten Vater resp. Großvater ein Denkmal zu errichten. In *Neapel*, wo er erschossen wurde, in *Frankreich*, wo die Bourbons wieder einzogen, überall verbot es sich, so mußte es denn auf einem *Umwege* geleistet werden, und das Grab seiner *Tochter* bot wohl oder übel die Gelegenheit dazu. Das Bologneser »Campo Santo« (»Certosa«, Karthause) ist allgemeiner Friedhof, Begräbnisstätte für jedermann, auch für die Armen, welche letztre in den verschiedenen Hofräumen, unter Aufrichtung eines Holzkreuzes, begraben werden. Das Ganze macht einen außerordentlich vornehmen Eindruck, ist luftig, kühl, schattig, der Wirkung der Monumente günstig und konserviert dieselben mehr als jede andre, frei daliegende Begräbnisstätte. – Von der Certosa in die Stadt zurück; einen Imbiß genommen, dann in die Academia delle belle Arti. In dieser immerhin schönen Sammlung befinden sich vorzugsweise: *Guido Renis* und *Caraccis,* außerdem einiges von Domenichino, Francesco Francia, Perugino etc. Ich nahm mir nur die Zeit, die *Guido Renis* und weniges andre durchzunehmen.

Dann Fahrt durch die Stadt, noch in einige Kirchen hineingesehn und die beiden »schiefen Türme« besichtigt, die, teils in ihrer Einfachheit, teils durch ihr Zusammenstehn, mehr auf mich wirkten als der schiefe Turm in Pisa. Der größre gewährt ganz den Anblick eines modernen Fabrikschornsteins, aber eine ganz geringe Zutat an seiner Krönung hat ausgereicht, eine durchaus künstlerische Schöpfung aus ihm zu machen. Beide Türme sind in Backstein ausgeführt, während in Pisa alles Marmor ist. – Die Stadt selbst – auch in den Hof der Universität blickte ich hinein –

139

ist reich an mächtigen Bauten und Arkaden; es ist eine vornehme
Stadt, intelligent und patriotisch, die in den Befreiungskämpfen
des Landes eine hervorragende Rolle gespielt hat. Die Arkaden,
viel mehr noch als in Modena, laufen durch die meisten Straßen
hin. – Ins Hôtel zurück. Geschrieben. Zur Table d'hôte, an der
nur Engländer teilnahmen, die sämtlich auf dem Wege nach Ost-
indien waren. Café im Hofe des Hôtels genommen; früh zu Bett.

Sonntag den 22. August

Früh auf. Um 6 nach Ravenna. Ankunft (verspätet) um 10 Uhr.
So blieben mir nur zwei Stunden für die alte berühmte Stadt, die
übrigens nicht bloß den Eindruck der Stille und Zurückgezo-
genheit, sondern auch der Armut und Verkommenheit macht.
Noch eh wir die Stadt erreichten, zeigte mir ein italienischer Mit-
reisender vom Coupé aus das Grabmal des Königs *Theoderich*,
was mir sehr lieb war, da ich nicht Zeit genug hatte, diesem Mau-
soleum einen eignen Besuch zu machen. Es schien mir folgende
Form zu haben [Folgt Skizze Fontanes], vielleicht ist auch das
Unterstück ein Rundturm und nicht quadratisch. Die obere
Hälfte sah ich ganz klar; die flache Kuppelung wirkte eigentümlich. Stattliche Avenuen schienen auf den Grab-Bau zuzuführen.
In der Stadt selbst begnügte ich mich mit

1. Baptisterium
2. dem daneben liegenden Dom
3. San Vitale u.
4. der Grabkapelle Dantes.

Der Dom liegt auf einem Platz; das Baptisterium in einer ne-
benhinlaufenden Gasse ganz versteckt. Etwa so [Folgt Skizze
Fontanes]. A. Platz; b. Dom; aa. eine ganz schmale, winklig eckige
Gasse, die neben dem Dom sich hinzieht; c. Baptisterium. Dies
Baptisterium steckt in den Häusern der Gasse derart drin, daß
man von der einen Seite her gar nichts von ihm sieht, von der

Dom- und Platz-Seite her aber ein mehreckig vorspringendes
Stück. Der Dom soll auch ein sehr alter Bau sein; er wirkte nicht
so auf mich; in Details zu gehn, hatt ich keine Zeit.

Beide Bauten sind sehr interessant, das Baptisterium durch
seine Fresken, San Vitale *baulich* als Tochter der Santa Sofia und
Mutter des Aachner Münsters. Ob auch das Baptisterium *architektonisch* eine vorbildliche Bedeutung hat oder ob andre in gleicher Form und Einrichtung älter sind, weiß ich nicht. Auf die
Mosaiken paßt genau das, was Gregorovius über die ältesten Mosaiken (etwa aus der Mitte des 5. Jahrhunderts) in Santa Maria
Maggiore sagt. Sie sind noch nicht byzantinisch versteinert, noch
nicht starr und leblos, haben noch Bewegung und selbst Grazie.
Es klingt noch etwas von *antiker Kunst* darin nach, eh dieselbe
durch die nahezu künstlichen byzantinischen Formen verdrängt
wurde. Es stimmt das auch mit den Zeitangaben. »Aus dem
5. Jahrhundert« sagen die Nachschlagebücher, also dieselbe Zeit,
vielleicht dasselbe Jahrzehnt, in dem die Mosaiken in Santa Maria Maggiore entstanden. Die Mosaiken in San Vitale sind schon
schwächer, aber fast noch besser erhalten. Ravenna hat noch vier,
fünf andre Bauten: *Kirchen, Baptisterium* (S. Maria in Cosmedin),
Rotonda (Grabmal Theoderichs) und Reste eines *Palastes* von
König Theoderich, die alle dem 5. und 6. Jahrhundert angehören,
also historisch und architektonisch höchst interessant sind, ich
fand aber nicht mehr Zeit, etwas davon zu sehn, was auch nicht
sonderlich zu beklagen ist, da das *Baptisterium* (neben dem
Dom) und San *Vitale* doch wohl die Hauptbauten bleiben oder
doch im *wesentlichen* dasselbe zeigen wie die andern kirchl. Bauten jener merkwürdigen Ravenna-Epoche. Nur scheinen sie
nicht ausschließlich *Kuppel*bauten zu sein, sondern teils 3schif-
fige Basiliken, teils Kreuzkirchen. Die architekt. Bedeutung Ra-
vennas steckt aber in den *Kuppeln*.

Um 12½ nach Bologna zurück; Ankunft um 4; Abfahrt nach
Padua um 5 oder 5½. Ankunft in Padua (in Stella d'oro) 9 Uhr.

Montag d. 23. August

Frühstück im Hôtel. Fahrt nach San Antonio. Zwei Stunden in dieser großen, kuppelreichen Kirche, die in mancher Beziehung wie ein nüchternes, geweißtes San Marco wirkt, verweilt.

Dann nach der Kirche *Eremitani*, die, in einer ihrer Kapellen, zwei berühmte Fresken Mantagnas enthält; von der Kirche Eremitani nach der benachbarten, im Tonnengewölbe erbauten Kapelle *Madonna dell'Arena*, die mit Giottoschen Fresken an all ihren Wänden überdeckt ist. Die Masse dieser Fresken ist von sehr zweifelhaftem Wert und kann nur kunsthistorisch interessieren; wunderschön aber ist in der Chornische eine *Madonna mit dem Kind* (worauf mich schon Prof. Steinle aufmerksam machte) und gegenüber derselben ein sehr ähnliches Bild, wahrscheinlich … mit dem Johannes darstellend. Die junge Person, die mich umherführte, bezeichnete das zweite als eine einfache Wiederholung des ersten, was nur beweist, wie wenig scharf die Menschen hinkucken, denn bei aller Ähnlichkeit sind doch starke Abweichungen, z. B. in der Haltung des Kopfes, da. »Das Jüngste Gericht« an der Schmalwand des Eingangs konnte mich nicht interessieren.

Ins Hôtel zurück. Um 2 Abfahrt nach Verona, Ankunft 5 Uhr. Abfahrt von Verona 6½. Verona lag prächtig im Schein der Abendsonne da. Bei Dunkelwerden in Ala. Gepäck-Revision.

Dienstag d. 24. August

Um 6 oder 7 früh Ankunft in Innsbruck. Noch zwei Stunden geschlafen (im Hôtel de l'Europe). Flaniert in der Stadt. Besuch der Franziskanerkirche, die das berühmte Grabdenkmal Kaiser Maximilians und des Andreas Hofer enthält.

Zwischen 3 und 4 Abfahrt nach München. Ankunft gegen 10. Quartier genommen im »Englischen Hof«, früher »Blaue Traube«.

Mittwoch d. 25. August

In der Stadt unter erheblicher Langeweile umhergetrieben. Um 4 Uhr Emilie am Bahnhof in Empfang genommen. Zurück ins Hôtel. Soupiert.

»Fahrt oder geht möglichst viel umher und
seht möglichst wenig Bilder«

Italien-Reminiszenzen des alten Fontane

Briefe

Dringende Empfehlung:
nur Fahrten und Spaziergänge

Heute früh erhielten wir Deinen zweiten Brief aus *Nizza* – ich bin entschieden gegen »Nice« –, und da ich nicht wissen kann, was die nächsten Tage an Störungen vielleicht bringen, so benutze ich die Sonntagsstille (für Mama *zu* still, woraus sie mir immer einen Vorwurf macht), um Dir zu schreiben und vor allem auch zu gratulieren [zum Geburtstag am 21. März]. Zu den vielen Wünschen, die ich für Dich habe, gehört mit Rücksicht auf die momentane Lage vor allem auch *der*, daß Du so froh, so heiter, so zweifelsohne wie möglich in den herrlichen blauen Himmel hinauf und auf das herrliche blaue Meer hinab schauen mögest. Glaube mir nach meinen reichen Reise-Erfahrungen überhaupt, aber speziell auch nach meinen aus zwei Aufenthalten herstammenden *italienischen* Erfahrungen, daß es nur *da*rauf ankommt, nur auf das, was auf der Straße liegt, was man von jedem Hôtel- oder Wagen-Fenster aus sehen kann. Mama und ich sind vollkommen einig darüber, daß die weitaus größten Genüsse, die wir in Italien gehabt haben, Fahrten aller Art: auf Eisenbahn, Dampfschiffen, Booten, in Landkutschen und Droschken, und außerdem Spaziergänge waren, Spaziergänge den Corso oder den Toledo (in Neapel; jetzt Via nazionale), die Piazzetta oder den Monte Pincio entlang, und daß alle Kunstgenüsse daneben verschwinden. Auch der wütendste Bilder-Tiger kommt außerdem noch sehr bald dahinter, daß er nicht alles, nicht ein Zehntel verschlingen kann und daß man sich mit Brocken begnügen muß. *Die* aber werden keinem versagt, so wenig, daß man eher umgekehrt sagen kann, sie fliegen einem wie Konfetti während der Karnevalszeit an den Kopf. Welche Plätze Ihr auch besuchen mögt, viele oder wenige, große oder kleine, eine reiche Ausbeute ist ganz unausbleiblich, was Du nach überstandener Kampagne mit ebensoviel Dank wie Genugtuung erkennen wirst.

An Tochter Martha, Berlin, 16. März 1884

Ratschlag aus der Ferne

Statt eines Osterstollen wenigstens einen Osterbrief. Wo wir Dich in der Ewigen Stadt suchen sollen, wissen wir noch nicht, doch, denk ich, vorläufig in dem Hôtel sopra Minerva. Da hast Du die Kirche in der Nähe, in der, glaub ich, links neben dem Altar der wunderbar schöne Christus von Michelangelo steht (mit einem Goldschuh, weil der Vorderfuß, wenn mir recht ist, abgebrochen war), da hast Du Monte Citorio, wo sich das römische Volk zu versammeln liebte, trotzdem der Monte nicht höher und größer ist als unser Schneckenberg, da hast Du die Piazza Colonna, den Palazzo Borghese, die Post, das Café Cavour, alles so nah, daß man sich vom einen zum andern einen Guten Morgen zurufen kann. Auch eine wundervolle Conditorei ist da, wo man kleine »Bouches« kriegt, Schokoladenbiskuits mit Crême-Füllung, woneben die ganze Herrlichkeit von Kranzler-Josty nur eine Roheit oder doch höchstens ein Kultur-Anfang ist. Und schrägüber von der Konditorei ist eine Wasserbude, wo statt schrecklichen Sodawassers mit noch schrecklicherem Himbeersaft bloß acqua, bloß Wasserleitungswasser verkauft wird, aber welch Wasserleitungswasser, nicht aus dem algenreichen Tegler-See, sondern ein Wasser »vom Gebirge her«. Doch wozu Dir von *dem* erzählen, was Du vor Augen hast und in jedem Augenblicke genießen kannst; ich mach es wieder wie vor 14 Tagen bei Lindau, wo ich den neben mir sitzenden Prinzen von Meiningen, an der

Hand Onkel Wittescher Weisheit und Erfahrungen, über Meininger Zustände unterhielt, bis ich mich entsann und mich entschuldigte.

An Tochter Martha, Berlin, 8. April 1884

Skepsis
gegenüber dem »programmäßigen sight-seeing«

Wenn ich mir für Rom Ratschläge erlauben darf, so fahrt oder geht möglichst viel umher und seht möglichst wenig Bilder. Campagna, Frascati, Tivoli, Albano, Genzano, Nemi, Palatin, Esquilin, Villa Doria Pamfili (Trastevere), sechs, acht Kirchen, die Vaticanische Galerie, die Galerie im Palazzo Borghese, die Farnesina, das sind – außer dem, was am Wege liegt – die Dinge, die man gesehn haben muß, das andre kann man sich schenken. Fünf Tage lang in Rom und Umgebung unausgesetzt umherfahren ist lehr- und genußreicher als das programmäßige sight-seeing. In Neapel, das Ihr bald sehen werdet, trifft dies noch mehr zu; freilich ist dort auch die Verführung nicht so groß, um aufgespeicherter Kunst willen die Natur zu opfern. Die Natur ist da alles.

An Tochter Martha, Berlin, 19. April 1884

Den Kunstkram beiseite lassen

Wozu nicht die Fontana di Trevi alles gut ist! Als ich anno 74 an dem alten Wasserkasten stand und eine Kupfermünze hineinwarf (oder vielleicht war es ein anderer Hokuspokus), um mir dadurch den Anspruch auf ein Wiedersehn zu erkaufen, war ich eines Heinrich Kruse-Grußes von jener Stelle aus nicht gewärtig. Ich freue mich zu hören, daß Ihnen alles so wohl gefallen hat, und unzweifelhaft, es ist ein Glück, in den Thermen des Caracalla oder zwischen den Säulen von Paestum gestanden und auf das blaue Meer geblickt zu haben, aber ich habe keine Sehnsucht wieder hin, und wenn ich dennoch auch dazu käme, so würde ich nur auf der Campagna oder im Apennin umherbummeln und den ganzen Kunstkram beiseite lassen, nicht aus Gleichgültigkeit gegen die Kunst, sondern aus immer wachsendem Respekt. Wovon man nichts versteht (und ich verstehe immer noch mehr als der durchschnittliche »sight-seer« davon), davon muß man fernbleiben. Mir tut die Zeit leid, die ich daran gesetzt habe, das M. Angelosche »Jüngste Gericht« schön zu finden, und so geht es einem in Italien mit tausend Sachen. Nur von der Natur hat man einen vollen, reinen Genuß.

An Heinrich Kruse, Berlin, 16. Mai 1888

Das Glück läßt sich nicht zwingen

In Ihrem ersten Briefe hat Ihr in Gastein zurückbleibender »staatsanwaltlicher Kollege« den tiefsten Eindruck auf mich gemacht. Diese beständigen kleinen Schicksalstücken, bei denen die persönliche Schuldfrage nur erst ein Zweites und beinah Nebensächliches ist, interessieren mich immer ungemein. Es ist, als ob die Götter unser nach eignem Plan zurechtgelegtes Glück nicht wollen, sie werfen uns dann und wann eine süße Frucht in den Schoß und haben nichts dagegen (im Gegenteil), daß sie uns schmeckt, aber sowie wir das Glück zwingen oder auch nur mit Hilfe von Baedeker uns etappenmäßig ausrechnen wollen, in Innsbruck *dies* Glück und in Verona *das* und in Venedig ein stupendes drittes in einer Gondel oder Nicht-Gondel – so darf man sicher sein, daß alles kläglich scheitert. Wieviel Tränen junger Frauen sind schon auf dem Marcusplatz vergossen worden, und kaum eine dieser Frauen, die nicht wenigstens (auch wenn sie bloß im Hôtel war) auf der Seufzerbrücke gestanden hätte. Und das sind dann die berühmten Hochzeitsreisen, die, nach der Berechnung des Bräutigams, direkt in den Himmel führen sollten.

An Georg Friedlaender, Berlin, 24. Oktober 1888

Richtiges Verhältnis von Einsatz und Gewinn

Heute geht es mir endlich ein bißchen besser, und so schreibe ich denn, zunächst um Ihnen nochmals aufs herzlichste für einen so liebenswürdigen Brief zu danken. – Es hat mir schon das erste Mal sehr gut in Rom gefallen, und unter Ihrem Rat und Beistand würde der Kunst- und Naturgenuß ein sehr gesteigerter sein. Und was noch wichtiger ist, der Aufenthalt würde, auch nach der menschlichen Seite hin, eine freundlichere Gestalt gewinnen – alles absolute sich fremd und einsam fühlen würde in Wegfall kommen. Dennoch, und wenn ich sechs ideale Wochen in Rom zubringen könnte (was in dieser Welt voll Kopfweh, Zahnschmerzen und Magenkolik, anderer Unberechenbarkeiten zu geschweigen, doch immer fraglich bleibt), dennoch, sag ich, würde sich kein ganz richtiges Verhältnis von Einsatz und Gewinn herausstellen, weil der denkbar höchste Gewinn aufgehört hat, ein so recht eigentlicher Gewinn für mich zu sein. Angenommen, ich schriebe jetzt an einer historischen oder novellistischen Arbeit, zu deren Abschluß es nötig wäre, daß ich täglich erst den Palatin und dann drüben das Trümmerfeld des Esquilin durchwanderte, so stünde mir durch eine Romreise ein bestimmter, großer, mich beglückender »Gewinn« in Aussicht, der um so größer wäre, je mehr ich mich, gleichviel ob mit Recht oder Unrecht, von der Wichtigkeit meiner Arbeit durchdrungen hielte. Denn »nur der Irrtum ist das Leben, und die Wahrheit ist der Tod«. Aber so liegt es nicht, ich habe in Rom nichts Derartiges zu holen und würde im wesentlichen über die Erneuerung gehabter Eindrücke nicht hinauskommen. Ich war in den Katakomben und bewunderte das Profil von Rocca di Papa, ich bin die spanische Treppe hinauf- und in San Clemente die Stufen in die Kryptkirche hinabgestiegen, ich war im Café Cavour und habe Acqua fresca (der Name war noch anders, es war Gebirgswasser, so ähnlich wie Marcia; man trank es in Buden für eine Kupfermünze) und aus der Fontana Trevi getrunken. Von allem habe ich sozusagen die Sahne abgeschöpft und *das* davon gehabt, was der Laie überhaupt davon haben kann. Wenn ich mir den »Moses« auch noch zehnmal und das »Jüngste Gericht« auch noch zwanzigmal ansehe, so komme ich doch in Genuß und Verständnis um kein Haarbreit weiter. Nun bleibt ja natürlich immer noch was übrig, und wenn das auch nicht wäre, so hat das bloße mal wieder in Rom gewesen sein doch einen bestimmten Wert, aber dreimal unterstrichen: einen *bestimmten* Wert. Als Bankier fände ich diesen »bestimmten Wert« mit 1 000 Taler (für 3 Personen) nicht zu hoch bezahlt, als kleiner Schriftsteller *ist* es zu hoch, weil es sich um nichts Neues, sondern lediglich um eine Rekapitulation, eine Wiederauffrischung handelt. Dazu, wie ich Ihnen schon schrieb, würde man mir in Freundeskreisen eine solche Ausgabe doch als Anmaßung oder mindestens als schlechte Wirtschaft auslegen. Und nicht ganz mit Unrecht. Ich kann acht Tage nach meiner Reise einen Schlaganfall kriegen und erwerbsunfähig werden, da würde ich dann schlimme Dinge zu hören kriegen. Alles spitzt sich im letzten zu einer Geldfrage zu, und so liegt es denn einfach so, besäße ich soviel Guineen wie ich Markstücke besitze, so wäre ich schon in 14 Tagen an der Riviera und in 6 Wochen in Rom. Da's aber liegt, wie's liegt, so war der ganze Plan nur Idee und Traum, und ich muß hier stillesitzen, bis ich zur Sommerszeit in ein schlesisches Gebirgsdorf kann.

An Hermann Wichmann, Berlin, 14. Februar 1890

Geistesverwandtschaft

Aufrichtig dankbar bin ich Ihnen auch für das Zitat aus »Rektor Müslins italienischer Reise« [Schrift von Joseph Viktor Widmann]. Es ist jetzt gerade 20 Jahre, daß ich vor dem Bilde [»Die Ehebrecherin vor Christus« von Tintoretto] stand, und alles wurde mir im Lesen Ihrer Schilderung wieder lebendig. Ich erinnere mich deutlich, daß ich (meine Frau begleitete mich) damals Betrachtungen angestellt habe, die sich mit den Ihrigen, bis in einzelne Wendungen hinein, vollkommen decken. Es hat etwas eigentümlich Anheimelndes und auch wieder romantisch Grusliges, sich, vor einem alten Bilde, so bei 120 Meilen Entfernung, im Geiste zu finden.

An Joseph Viktor Widmann, Berlin, 27. April 1894

»Je mehr man liest, je dümmer wird man«

Als Ihr famoser Brief kam, wollte ich gleich antworten, nun sind aber doch etliche Wochen vergangen, da mir daran lag, erst eine Arbeit zu beenden [»Die Poggenpuhls«]. Das ist nun geschehen, und ich habe Spielraum. Seien Sie schönstens bedankt. Solche Briefe schreiben sich die Leute heute nicht mehr, alles wird im Telegrammstil besorgt. Und dabei bildet man sich noch ein, das sei ein Fortschritt. Dies ist nun aber ganz und gar verkehrt. Daß die sentimentalen Seichbeuteleien, die zu Anfang des Jahrhunderts beliebt waren, jetzt außer Mode gekommen sind, ist ein Glück; jene Briefe enthielten nur Redensarten, die noch dazu Lüge waren; daß man aber auf jeden Austausch von Mitteilungen, wenn diese nicht praktisch-geschäftlich sind, verzichten soll, erscheint mir als ein Unsinn. Natürlich müssen Schreiber und Leser einander entsprechen; wenn ich Ihren Brief nehme, ja, für jeden Reetzengassenbewohner ist er nicht geschrieben, wer aber ein bißchen Bescheid weiß, wer mit Piazza d'Espagna und Piazza Navona eine Vorstellung verknüpft, wer Italiener und italienisches Leben, wenn auch nur ganz oberflächlich, kennenlernte, für den ist ein Brief wie der Ihre der reine Zucker, weil er aus ihm mehr Licht und Wissen empfängt als aus 6 Reisebüchern oder wohl gar aus 12. Denn je mehr man liest, je dümmer wird man. Es mag das nach den Naturen verschieden sein, aber ich für mein Teil habe von sogenannten »gründlicheren Studien« gar nichts gehabt und schiebe mein leidliches Zuhausesein in Welt, Leben und Geschichte darauf, daß ich mich immer nur vom *unterhaltlichen* Stoff, von Anekdoten, Memoiren und Briefen genährt habe. Der alte Witz: »totale Unkenntnis von der Sache sicherte ihm ein unbefangenes Urteil«, umschließt ein gut Stück Wahrheit. Natürlich werden auf diese Weise keine Gelehrten geboren; aber offener Sinn und Phantasie, wenn sie sich bewußt bleiben, daß sie's über »fühlen und ahnen hinaus« nicht bringen können, treffen es meist besser als die mit Scheuklappen vorgehenden Bücherfresser. Also noch einmal, ich halte es mit Briefen und habe den Ihrigen nicht nur mit herzlichem Vergnügen, sondern, wie ich mir einbilde, auch mit Nutzen gelesen. Ich sehe ganze Zustände mit einem Male in hellerer Beleuchtung. Dies bezieht sich besonders auf drei, in ausführlicherer Behandlung auftretende Stellen Ihres Briefes, auf Palazzo Chigi und Palazzo Lante (beide incl. ihrer Besitzer resp. Bewohner) und auf Architekt Prang, jetzt russische Exzellenz.

An Hermann Wichmann, Berlin, 7. Juli 1894

lig durch Kunst, durch »große Natur« und Table d'hôte, dran die
Fremden einem zu anmaßlich und die Landsleute zu ruppig er-
scheinen. Hier im mecklenburgischen Kornlande blüht aber der
Weizen!

An Friedrich Stephany, Waren, 28. August 1896

Mehr Landschaft, weniger Galerien

Seien Sie schönstens bedankt für Ihren lieben Brief und den fa-
mosen Rückblick auf Ihre römischen Tage. Sie schildern darin
das Schicksal aller derer, die, statt zu flanieren oder in einer Trattoria zu frühstücken, alle Quattro- und Cinquecentisten in drei
Wochen einschlachten wollen. Der Aufwand an Zeit und Kraft
steht in gar keinem Verhältnis zu dem, was man davon hat. Selbst
Leute von Fach haben wenig davon und schließen nicht viel besser ab als die Laie. Was auch gar nicht anders sein kann. Wenn ich
in eine Bibliothek von hunderttausend Bänden geführt werde, so
hab ich, trotzdem ich lesen kann, innerhalb dreimal vierundzwanzig Stunden nicht mehr davon als ein beliebiger Analpha-
bet und komme über die Betrachtung der Deckel auch nicht hinaus. Das Stadt- und Landschaftsbild in sich aufzunehmen, davon
hat man was. Auch von Betrachtung großartiger und berühmter
Architekturen, selbst *dann* noch, wenn man sie in ihrer Größe
und Schönheit nicht versteht. Aber das herkömmliche durch die
Galerien Gejagtwerden ist nicht bloß eine Grausamkeit, sondern
der reine Unsinn. Es müßte, wenn man Rom oder Paris oder die
holländisch-flandrischen Kunststädte besucht, Leute geben, die
dem Laien ein Dutzend oder, wenn's hoch kommt, zehn Dutzend Sachen zeigen – damit müßte man entlassen werden. Ich
war zweimal sieben Wochen in Italien, 1874 und 1875, und habe
schlecht gerechnet zehntausend Bilder und Skulpturen gesehn

(täglich hundert Stück reicht kaum), wäre nachträglich aber glücklich, wenn ich mich höchstens um den zehnten Teil davon bemüht hätte. Sie waren insoweit noch schlimmer daran, als Sie das Opfer einer Art Verschwörung waren, während ich wenigstens freiwillig hineintappte. Fanatische Kunstweiber, und wenn sie's noch so gut meinen, können einen vollends zur Verzweiflung bringen. Auf dem Palatin stehn, über den Esquilin hinwandern, das Grabmal der Caecilia Metella besuchen, durch die Campagna bis an den Nemisee fahren, *das* sind die großen Momente, *nicht* die Bilder, sie mögen so schön sein, wie sie wollen. Ein paar Ausnahmen sollen zugegeben werden.

An Friedrich Stephany, Berlin, 24. September 1896

Vom »vergnüglichen Reisen«

Schweiz, Italien, Paris muß man gesehen haben, das ist man sich schuldig, und ein »Intendant« erst recht; aber das vergnügliche Reisen, von dem man menschlich was hat, liegt doch woanders. Stille Plätze, wenig Menschen, ein Buch, ein Abendspaziergang über die Wiese, mit andern Worten: die kleine Lehrersommerfrische.

An Sohn Theodor, Karlsbad, 29. August 1898

Anhang

Nachwort

Ein »Nordlandsmensch« reist in den Süden

Fontane ist schon Mitte Fünfzig, und seine berufsbedingten großen
Reisen durch beträchtliche Teile Westeuropas liegen längst hinter
ihm, als er sich 1874 zu einer Fahrt nach Italien entschließt. Diese
merkwürdige »Verspätung« ist nicht unbedingt ein Zufall. Zwar
hätte er sich eine Studien- oder Bildungsreise, wie sie, zumindest seit
Goethe, bei Künstlern und wohlsituierten Bürgern nahezu obligato-
risch geworden war, finanziell lange Zeit nicht leisten können. Aber,
was wichtiger ist, es reizt ihn gar nicht so sehr, den »Süden« und seine
Kunstschätze zu sehen, weil die Magnetnadel seiner geistigen Interessen genau in die entgegengesetzte Richtung zeigt. Er kennt natürlich die schwärmerischen Dichtungen seines Freundes Bernhard von
Lepel, der mehrfach in Rom und auf Sizilien gewesen ist, und er zitiert
Geibel und Platen gern mit einschlägigen Versen; aber seine wirklichen Neigungen gelten, von klein auf, der englisch-schottischen Geschichte und den skandinavischen Königshäusern, und Shakespeares
Hamlet, den er in jungen Jahren originell übersetzt, ist ihm die sym-
bolträchtige Verbindungsfigur zwischen England und Dänemark.
Und noch 1896, zwei Jahre vor seinem Tod, bekennt er in einem Brief
an den Pfarrer Ernst Gründler unmißverständlich: »Daß Sie Schott-
land kennen, webt ein zweites Band zwischen uns. Ich bin Nord-
landsmensch, und Italien kann, für *mich*, nicht dagegen an.«

Fontanes italienische Reise steht also unter einem ungewöhn-
lichen Vorzeichen. Er nähert sich nicht mit dem üblichen ehrfürch-
tigen Schauer der vielgerühmten Bild- und Architekturwelt Italiens
und begegnet den Orten, »wo die Zitronen blühn«, mit märkischer
Skepsis. Gleich in seinem ersten Bericht heißt es sarkastisch: »Frierend fuhren wir in das schöne Land Italia hinein. Es goß mit Mollen.
Der erste Eindruck war: *das* leisten wir auch.« Daß bei dieser wi-
derstrebenden Einstellung des sonst so passionierten Reisebeschrei-
bers kein originelles Buch über Italien zustande kommen konnte, ist

kaum verwunderlich: weder ein Unikum wie der »Spaziergang nach Syrakus« à la Johann Gottfried Seume, weder polemisch-elegante »Reisebilder« im Stile Heinrich Heines und schon gar nicht eine klassisch-abgeklärte Selbstdarstellung wie Goethes »Italienische Reise«. Statt dessen hat sich Fontane mit einer Fülle mehr oder weniger unsystematisch beschriebenen Papiers begnügt, das in sieben Tage- und Notizbüchern erhalten ist, und mit ein paar Dutzend privater Reisebriefe, die freilich zum Schönsten gehören, was er in diesem Genre geleistet hat. Die Notizen in den sorgfältig geführten Tagebüchern und die Impressionen in den ebenso klugen wie amüsanten Korrespondenzen belegen, daß er bei allem Widerstreben schließlich doch von der jahrhundertealten Kunst und der mediterranen Natur beeindruckt, partiell sogar überwältigt wurde. Und er bekennt sogar: »Die Tage in Venedig waren sehr schön, und es wird uns eine Sehnsucht im Herzen bleiben, sie erneuern zu können.«

Acht anstrengende Wochen
zwischen Verona und Neapel

Als die Fontanes am 30. September 1874 am Anhalter Bahnhof in Berlin in den Zug steigen, beginnt ihre erste *gemeinsame* Urlaubsreise größeren Stils. Vorsorglich hat der Dichter seine Frau, die, von ständigen Finanzsorgen geplagt, bei früheren Versuchen mitunter unerqickliche Streitereien um Geld heraufbeschwor, davon überzeugt, daß man nach vierundzwanzigjähriger Ehe »mit sparsamster Wirtschaftsführung« nun auch »mal fünfe grade sein« lassen dürfe, zumal jüngst eingetroffene Honorare die Kosten durchaus decken. Und das eheliche Experiment gelingt: der zu Hause gestreßte und oft ruppige Fontane gibt sich liebenswürdig, bringt ihr Kaffee und Tee ans Bett, und offenbar begehen sie am 16. Oktober in Rom – trotz heftiger Regenfälle – ihren Hochzeitstag in aller Harmonie. Emilie erweist sich als gutgelaunte, hilfsbereite Begleiterin, und ihr Mann berichtet nach Berlin: »Sie meint, es reise sich mit mir wie mit einem ›Vater‹; eine etwas bedenkliche Ehrenerklärung.« Das Heimweh plagt sie ein bißchen – immerhin weiß sie drei ihrer Kinder allein zu Haus –, doch sie hat schon bald genug Sorgen mit ihrem

Mann, der erkrankt, aber trotz einer fiebrigen Magen-Darm-Verstimmung – »der ganze Vesuv saß mir im Leibe, und das unheimliche Rollen und Grollen nahm kein Ende« – ständig über den Korrekturfahnen für sein Buch über den Deutsch-Französischen Krieg sitzt.

Unter diesen Umständen absolvieren die Fontanes in knapp acht Wochen ein beachtliches Programm. Sie sind in Verona, Venedig, Florenz, Rom und Neapel, und mit einem guten Glas, dem Baedeker (dem oft widersprochen werden muß) und einigen anderen Spezialführern ausgerüstet, besuchen sie Kirchen und Paläste, Museen und Galerien. Manches wird mehrfach studiert, und Fontane, der über ein nahezu photographisches Gedächtnis verfügt, prägt sich das, was ihn ernsthaft interessiert, nachhaltig ein. Um dem Augenblick Dauer zu verleihen, wird soviel wie möglich aufgeschrieben: beide führen teils parallel, teils gemeinsam Tagebuch, und zugleich »schriftstellert« Fontane, zu Emilies Verdruß, stundenlang an vielseitigen Briefen herum.

Am 20. November 1874 trifft das Ehepaar wieder zu Hause ein. In den Weihnachtsfeiertagen schreibt Fontane einen Essay über einen kurzen zweiten Aufenthalt in Florenz während der Rückreise: »Ein letzter Tag in Italien«. Der Aufsatz erscheint am 3. Januar 1875 in der »Vossischen Zeitung«, und der Autor notiert: »Er kostete mehr Zeit, als er wert war, machte sich aber dadurch glänzend bezahlt, daß er meinen Entschluß: über Italien *nicht* zu schreiben, befestigte.« Daran hat er sich tatsächlich gehalten – nur in dem genannten Feuilleton äußert er sich öffentlich über einen kleinen Abschnitt seiner Reise. Aber schon im August 1875 zieht es ihn noch einmal in den Süden. Diesmal reist er allein. Der Weg führt von Basel aus mit der Postkutsche in romantischer Fahrt über die Alpen in die oberitalienischen Kunstmetropolen. In einer dichten Folge langer Briefe läßt er Frau Emilie an seinen Erlebnissen teilhaben, und er versichert, daß sie im Jahr zuvor eine vorzügliche Reisegefährtin gewesen sei. Als er am Ende der siebziger Jahre Wilhelm Lübkes grundlegendes Werk über die Geschichte der italienischen Malerei kompetent rezensiert und Emilie die Bände mitliest, erinnert sie sich mit Entzücken an die Genüsse »unserer italienischen Reise, für deren Leichtsinn ich meinem Alten bis zu meinem letzten Atemzuge dankbar sein werde«.

Anhang

Kunst und Architektur
oder der Salat von Engelsbeinen

Liest man die Dokumente über die beiden Reisen – sie sind im vorliegenden Band zum ersten Mal, wenigstens in Auswahl und Auszug, zusammengestellt –, so ergibt sich alles in allem ein anregendes Buch. Was speziell italienische Kunst und Kultur betrifft, so ist Fontane ja bestens vorbereitet. Er kennt die großen Kathedralen in England und Frankreich, die Museen und Galerien in Paris und London, Berlin und Kopenhagen, Dresden und München; er verfügt, wie er selber meint, über Bilder-Kenntnisse wie ein Auktionator, denn schließlich habe er sein Leben unter Malern verbracht – man braucht nur an Menzel und, später, an Liebermann zu denken. Und da er, auch auf diesem Gebiet, Autodidakt ist, fällt er über bildende Kunst unkonventionelle, selbständige Urteile, die gleichwohl ihre eigene Professionalität haben. Über Gemäldeausstellungen in London, Manchester und Berlin hat er vielfach geschrieben, und seit 1870 wendet er sein methodisches Konzept auch in den Kritiken an, die er regelmäßig für die »Vossische Zeitung« über die Aufführungen im Schauspielhaus am Gendarmenmarkt verfaßt. Nicht Klischees und vorgegebene Normen bestimmen sein Urteil, sondern seine ganz subjektive Meinung, sein Fingerspitzengefühl künstlerischen Dingen gegenüber, seine unbestrittene Fähigkeit, Gut und Schlecht jenseits jedes akademischen Kanons zu unterscheiden.

Und genau nach diesem Rezept wendet sich Fontane der Kunst und der Architektur in Italien zu: sachkundig, aber subjektiv, respektvoll, aber eigenwillig, uneingeschüchtert durch Autoritäten und schon gar nicht durch die Zahl der Sternchen im Baedeker. Man darf sich von seinen oft ungeniert-hemdsärmeligen Urteilen nicht schockieren lassen. Nicht was die Koryphäen der Kunstgeschichte festgeschrieben haben, sondern was ihn persönlich beeindruckt, kommt auf die Liste der für ihn »unerläßlichen Nummern«, die man gesehen haben sollte. Vor Tizians »Assunta« enthusiasmiert er sich, in Tintorettos »Glorie des Paradieses« sieht er weiter nichts als einen »Salat von Engelsbeinen«; für Raffael will ihm der Sinn partout nicht aufgehen, während ihm das abgeschlagene Medusenhaupt Leonardo da Vincis außerordentlich gefällt. Bei aller sonstigen Reserviertheit

164

bekundet er seinen »kolossalen Respekt« vor der vielfältig reichen Kultur der Ewigen Stadt, wobei er deutlich seine Sympathien für die heidnisch-antiken Spuren ausspricht: »Das Trümmer-Rom interessiert mich 100mal mehr als das, was steht und prunkt.«

Am Golf von Sorrent oder an den Müggelsbergen

So wie bei der Kunstbetrachtung geht Fontane überhaupt beim Reisen seine eigenen Wege. »Das Reisen«, sagt er gelegentlich, »hat seine Gefahren wie alles andere; wer sie nicht mit in den Kauf nehmen will, muß zu Hause bleiben oder die große Linie halten. Alles Beste aber, wie überall im Leben, liegt *jenseit* der großen Straße.« Im Sinne dieser Reise-Philosophie hat er neben dem strammen touristischen Programm wie stets, wenn er unterwegs ist, auch das Abenteuerliche gesucht und gefunden: die Begegnung mit Land und Leuten, mit Landschaft und Geschichte. Schon die Alpen-Überquerung 1875 gerät ihm zum Kabinettstück. Die brieflichen Impressionen aus Hotels und Albergos sind druckreife Genrebilder, die energische Aversion gegen Knoblauch verhehlt er nie, und auch Frau Emilie hat Eindrückliches über die Berge von Insektenpulver festgehalten, mit denen sie Flöhen und Wanzen zu begegnen versucht. Im Umgang mit dem einfachen italienischen Volk gibt es unterschiedliche Erfahrungen: in Venedig und Mailand »nur freundliche Menschen, keine Überteuerung«, aber in Neapel klaut ihm ein Profi die Geldbörse. Als Fontane auf einem Friedhof die Gräber von Bekannten nicht finden kann, regt er sich über italienische Unordnung auf: »Keine Zahl stimmte. Grenzenlose Konfusion. Ein völliges Bummelvolk. Ich komme preußischer zurück denn je.« 1875 präsentiert er, typisch für seine Ambivalenz, das Gegenstück: eine »leise Prellerei« habe ihn nicht gestört. »Sie ging mit Freundlichkeit Hand in Hand, was mich jedesmal entwaffnet; nur die gemeine norddeutsche Betrügerei, die nicht nur in dem Maß der Forderung, sondern auch in der Manier derselben Unverschämtes leistet, verdrießt mich. Wie ungermanisch bin ich doch! Alle Augenblick (aber ganz im Ernst) empfind ich meine romanische Abstammung. Und ich bin stolz darauf.«
Das ist schon die Stimmung, aus der heraus er tags darauf, am

10. August 1875, in Mailand ein schroffes politisches Credo formuliert – es ist ein Blick zurück im Zorn, bei dem er mit dem neuen deutschen Kaiserreich und dessen Hauptstadt gnadenlos abrechnet: »O Berlin, wie weit ab bist du von einer *wirklichen* Hauptstadt des Deutschen Reiches! Du bist durch politische Verhältnisse über Nacht dazu geworden, *aber nicht durch dich selbst.* Wirst es, nach *dieser* Seite hin, auch noch lange nicht werden. Vielleicht fehlen die Mittel, gewiß die Gesinnung.« Es wolle ihm nicht glücken, beteuert er im gleichen Brief an seine Frau, »es im Auslande zu irgendeiner patriotischen Erhebung zu bringen«. Gleichwohl resümiert er schon nach der ersten Reise in einem Brief an Mathilde von Rohr: »All dieser Herrlichkeit gegenüber [gemeint sind Sorrent und die Ausgrabungen von Pompeji] empfand ich deutlich, und nicht einmal schmerzlich, daß meine bescheidene Lebensaufgabe nicht am Golf von Neapel, sondern an Spree und Havel, nicht am Vesuv, sondern an den Müggelsbergen liegt ...«

Dieses scheinbar bündige Bekenntnis ist allerdings auch nicht sein letztes Wort. Wie sehr die italienischen Eindrücke in ihm nachwirken, bestätigen viele seiner Romane: »L'Adultera« bezieht sich direkt auf ein Gemälde des vielgescholtenen Tintoretto, das Schlußkapitel von »Schach von Wuthenow« spielt in Rom, Graf Holk in »Unwiederbringlich« sucht sich in Sorrent zu trösten, und die Hochzeitsreisen in »Effi Briest« und im »Stechlin« haben jeweils subtile dramaturgische Funktionen. Man lese noch einmal nach, was Fontane 1888 an Georg Friedlaender über die Seufzerbrücke und das Unglück junger Frauen während ihrer »Flitterwochen« in Italien schreibt.

Und schließlich: seit Fontanes Tochter Martha 1884 in Begleitung einer reichen Amerikanerin durch Italien reist, hat er mindestens ein dutzendmal in ausführlichen und eindringlichen Briefen kundgetan, wie man, seiner Meinung nach, Italien bereisen soll: sich beim »Kunstkram« auf die wirklich großen Werke beschränken und vor allem viel umherfahren, um Stadtlandschaften und Natur in vollen Zügen zu genießen. Denn »wer alles zwingen will, wird nur konfus«.

Gotthard Erler

Zu dieser Ausgabe

Wie üblich, hält Fontane auch Stationen und Erlebnisse seiner Italienreisen in besonderen Reisetagebüchern fest, jeweils durch Notizen ergänzt, die er unmittelbar bei der Betrachtung von Kunst- und Bauwerken entweder am Ende des Notizbuches oder am Rand oder an anderer Stelle macht.

Das Tagebuch von 1874 führt er nur vom 30. September bis 15. Oktober und vom 31. Oktober bis 1. November. Als Ergänzung und Vervollständigung kann das Diarium von Emilie Fontane gelten, das sie eigenständig vom 30. September bis zum 12. November verfaßt hat. Ob sie für ihre Eintragungen ab 19. Oktober, die sich stilistisch stärker der Fontaneschen Diktion anpassen, seine mündlichen Vorgaben genutzt oder nach einem verlorengegangenen Notizbuch ihres Mannes gearbeitet hat, ist nicht zu sagen. Bei der schon in London bewährten engen Zusammenarbeit des Ehepaares bei der Führung der Tagebücher sind Emilies Notizen jedenfalls ein vollwertiger Ersatz.

Nach seiner Gewohnheit verarbeitet Fontane überdies schon unterwegs seine Eindrücke in ausführlichen Briefen. 1874 sind vor allem Emilie und Karl Zöllner in Berlin die Empfänger solcher Berichte, aber auch der Verleger Wilhelm Hertz und die alte Freundin Mathilde von Rohr in Dobbertin. 1875 läßt er ausschließlich Frau Emilie systematisch an seiner Reise durch die oberitalienischen Kunststädte teilnehmen. In Briefen an Verwandte und Freunde ist er auch in späteren Lebensjahren auf seine Italien-Erlebnisse zurückgekommen.

Gleichwohl hat er in der zweiten Hälfte der siebziger Jahre begonnen, »Erinnerungen« an Städte, Landschaften, Architektur und Kunst nach dem Ablauf seiner Italien-Reisen aufzuzeichnen. Das Konvolut, das immerhin über 300 Blätter umfaßte, ist seit 1945 verschollen; nur eine Abschrift, die Wilhelm Vogt um 1942 anfertigte, ist im Potsdamer Theodor-Fontane-Archiv erhalten.

Aus diesem vielfältigen, aber recht ungleichwertigen Material bietet der vorliegende Band die Tagebücher von Theodor und Emilie Fontane aus dem Jahre 1874, soweit sie Italien betreffen, und, mit der gleichen Begrenzung, Fontanes Tagebuch von 1875. Dazu sind jeweils, mit einer eigenen Überschrift versehen, alle relevanten Reisebriefe sowie der Aufsatz »Ein letzter Tag in Italien« (1875) gestellt. Ein dritter Abschnitt enthält Auszüge aus Briefen Fontanes, in denen er ab 1884 über seine Italien-Erlebnisse reflektiert. Auf die Wiedergabe von diversen Skizzen in den Tagebüchern wurde verzichtet.

Wegen der komplizierten Überlieferungslage gibt es bis heute keinen editorisch völlig zufriedenstellenden Druck der Fontaneschen Italien-Texte. Für die Tagebücher haben wir unter Heranziehung der Hanser-Ausgabe den Band XXIII/2 der Nymphenburger Edition sowie die Originale im Theodor-Fontane-Archiv benutzt; auch dem Abdruck von »Ein letzter Tag in Italien« liegt der genannte Band zugrunde. Die Briefe folgen der von Kurt Schreinert und Charlotte Jolles herausgegebenen Propyläen-Ausgabe (an die Zöllners); dem Ehebriefwechsel der Fontanes, der seit 1998 als Teil der Großen Brandenburger Ausgabe des Aufbau-Verlages vorliegt (an Emilie); den Ausgaben des Aufbau Taschenbuch Verlages »Meine liebe Mete. Ein Briefgespräch zwischen Eltern und Tochter« (an Martha Fontane), Berlin 2001, und »Sie hatte nur Liebe und Güte für mich. Briefe an Mathilde von Rohr« (an Mathilde von Rohr), Berlin 2000; den auf der Grundlage der Edition von Kurt Schreinert von Walter Hettche neu herausgegebenen »Briefen an Georg Friedlaender«, insel taschenbuch 1994, sowie der Briefabteilung der Hanser-Ausgabe.

G. E.

Inhalt

Inhalt

»Wie sehr uns diese alten und reichen Kulturlande voraus sind«

Italien 1875

»Fahrt oder geht möglichst viel umher und seht möglichst wenig Bilder«

Italien-Reminiszenzen des alten Fontane

Inhalt

Anhang

Literarische Spaziergänge mit Büchern und Autoren

Das Kundenmagazin der Aufbau Verlagsgruppe
Kostenlos in Ihrer Buchhandlung

Aufbau-Verlag	Rütten & Loening	Aufbau Taschenbuch Verlag	Gustav Kiepenheuer	Der >Audio< Verlag

Oder direkt: Aufbau-Verlag, Postfach 193, 10105 Berlin
e-Mail: marketing@aufbau-verlag.de
www.aufbau-verlag.de

Theodor Fontane

Im Paris des Nordens

Impressionen aus Dänemark

Herausgegeben
von Gotthard Erler

218 Seiten
ISBN 3-7466-5298-7

Fontane erheitert uns mit seinen unkonventionellen Betrachtungen und den nie langweiligen Beschreibungen von Schlössern und Museen oder den berühmten Vergnügungsstätten Tivoli und Alhambra in Kopenhagen. Zu Wort kommt der erfahrene Reisende, der Geschichtskundige und Kunstenthusiast, vor allem aber der Menschenbeobachter, der vergleicht und seine Schlüsse zieht.

»Seine Reisebriefe aus Jütland und dem Sundewitt sind Land-und-Leute-Schilderungen von der besten Fontane-Machart: in lockerem Feuilletonstil beschreibt er Land und Landschaft, Geschichte und Menschen, Kunst und Kultur und bleibt, was die Lektüre besonders reizvoll macht, als reisendes Subjekt immer präsent.«

Gotthard Erler in seinem Nachwort
über Fontane und Dänemark

A*t*V
Aufbau Taschenbuch Verlag

Theodor Fontane

Sie hatte nur Liebe
und Güte für mich

Briefe an Mathilde von Rohr

*Herausgegeben
von Gotthard Erler*

*424 Seiten
Band 5287
ISBN 3-7466-5287-1*

Mathilde von Rohr (1810–1889) war Fontanes älteste Vertraute,
ja Freundin, eine liebenswürdige und charaktervolle Dame, die
ihm mit immer gleichbleibender Güte begegnete. Ihr wechselsei-
tiges vertrauensvolles Verhältnis veranlaßte Fontane zu Briefen,
in denen sich unbeschwertes Plaudern mit weitreichenden Be-
kenntnissen auf reizvolle Weise verbindet. »Aber nun muß ich Ihnen allerhand erzählen« ist seine Formel für einen ganz eigenen
Stil, in dem er Familiäres zur Sprache bringt, Reisen, Feste, Gesel-
ligkeiten. Befreit von jeder pflichtmäßigen Berichterstattung, äußert er seine innere Befindlichkeit vor allem auch in Krisen und
konflikthaften Erschütterungen und findet bei dem »gnädigsten
Fräulein« das oft so schmerzhaft vermißte Verständnis.

Der Herausgeber hat die 230 überlieferten Briefe ergänzt um Texte
über die Familie Rohr aus den »Wanderungen« und um bisher
ungedruckte Aufzeichnungen über Fontanes Korrespondenz-
partnerin.

A*t*V
Aufbau Taschenbuch Verlag

Theodor Fontane

Meine liebe Mete

Ein Briefgespräch zwischen
Eltern und Tochter

Herausgegeben
von Gotthard Erler

584 Seiten
Band 5288
ISBN 3-7466-5288-X

Martha, genannt Mete (1860–1917), hochbegabt, doch von nervöser Konstitution, stand ganz im Banne des dominierenden Vaters. Mit 39 Jahren heiratete sie nach Fontanes Tod den Berliner Architekten Fritsch, einen zweiundzwanzig Jahre älteren Witwer. Obwohl nunmehr aller materiellen Sorgen enthoben, litt Mete auch in den Ehejahren unter psychosomatischen Krankheiten und Depression. Thema vieler Briefe ist ihr diffuses physisches und psychisches Leiden, dem der Vater im Grunde ratlos begegnete.

Seinem Liebling und Sorgenkind gegenüber äußerte sich Fontane besonders freimütig über Familiäres, Literarisches und Zeitgeschichtliches, stand sie ihm doch in ihrer unkonventionellen Art am nächsten. Die häufige Abwesenheit der Tochter forderte seine Plauderleidenschaft heraus und gab ihm reichlich Gelegenheit, über alle Vorgänge in Politik und Kultur seine oft aparte Meinung zu offerieren.

A^{t}V
Aufbau Taschenbuch Verlag

Theodor Fontane

Kriegsgefangen

Erlebtes 1870

Mit einem Nachwort
von Gotthard Erler

199 Seiten
Band 5277
ISBN 3-7466-5277-4

Im September 1870 reiste Fontane nach Frankreich, um für ein Buch über den Deutsch-Französischen Krieg zu recherchieren. Am 5. Oktober wird er »zu Füßen der Jungfrau« – des Jeanne-d'Arc-Denkmals in Domremy – verhaftet. Die Situation ist gefährlich genug, ja, dem Schriftsteller droht standrechtliche Erschießung. Schließlich wird Fontane zwei Monate inhaftiert, zuletzt auf der Insel Oléron. Unter dem Eindruck des unmittelbar Erlebten entsteht eines seiner schönsten Prosabücher.

A*t*V
Aufbau Taschenbuch Verlag

Theodor Fontane

Von, vor und
nach der Reise

*Plaudereien und
kleine Geschichten*

*Mit einem Nachwort
von Gotthard Erler*

140 Seiten
Band 5278
ISBN 3-7466-5278-2

»Zu den Eigentümlichkeiten unserer Zeit gehört das Massen-
reisen. Sonst reisten bevorzugte Individuen, jetzt reist jeder und
jede.«

Mit dieser verblüffenden Feststellung aus dem Jahre 1873 er-
öffnet Fontane seinen kleinen Erzählzyklus. Dreizehn Prosa-
stücke zwischen Feuilleton und Short story versorgen den Leser
mit erheiternden Betrachtungen über alles, was einem auf Reisen
zustoßen kann. Reiche Erfahrungen in puncto Sommerfrische,
Hotelleben und Kurpromenade liefern Fontane den Stoff für
seine köstlichen Szenen. Ob im Harz oder im Riesengebirge,
auf Norderney oder in Bad Kissingen, der Autor kennt sich aus
mit der Spezies »Urlauber«, einem Wesen, das trotz aller guten
Vorsätze immer der alte Adam bleibt.

Ein charmantes Büchlein für jeden Reisenden und alle, die vor
der Frage stehen: »Wohin?«

A*t*V
Aufbau Taschenbuch Verlag